PERCURSOS CIENTÍFICOS
DE LINGUAGENS

Editora Appris Ltda.
1.ª Edição - Copyright© 2024 dos autores
Direitos de Edição Reservados à Editora Appris Ltda.

Nenhuma parte desta obra poderá ser utilizada indevidamente, sem estar de acordo com a Lei nº 9.610/98. Se incorreções forem encontradas, serão de exclusiva responsabilidade de seus organizadores. Foi realizado o Depósito Legal na Fundação Biblioteca Nacional, de acordo com as Leis nos 10.994, de 14/12/2004, e 12.192, de 14/01/2010.

Catalogação na Fonte
Elaborado por: Josefina A. S. Guedes
Bibliotecária CRB 9/870

P429p 2024	Percursos científicos de linguagens / Celina Márcia de Souza Abbade, Gilberto Nazareno Telles Sobral, Valquíria Claudete Machado Borba (orgs.). – 1. ed. – Curitiba: Appris, 2024. 215 p. ; 23 cm. – (Linguagem e Literatura). Inclui bibliografias. ISBN 978-65-250-6890-9 1. Linguagem e línguas. 2. Ciência. 3. Linguística. I. Abbade, Celina Márcia de Souza. II. Sobral, Gilberto Nazareno Telles. III. Borba, Valquíria Claudete Machado. IV. Título. V. Série CDD – 407

Livro de acordo com a normalização técnica da ABNT

Appris
editorial

Editora e Livraria Appris Ltda.
Av. Manoel Ribas, 2265 – Mercês
Curitiba/PR – CEP: 80810-002
Tel. (41) 3156 - 4731
www.editoraappris.com.br

Printed in Brazil
Impresso no Brasil

Celina Márcia de Souza Abbade
Gilberto Nazareno Telles Sobral
Valquíria Claudete Machado Borba
(orgs.)

PERCURSOS CIENTÍFICOS DE LINGUAGENS

Appris editora

Curitiba, PR
2024

FICHA TÉCNICA

EDITORIAL
Augusto Coelho
Sara C. de Andrade Coelho

COMITÊ EDITORIAL
Ana El Achkar (Universo/RJ)
Andréa Barbosa Gouveia (UFPR)
Antonio Evangelista de Souza Netto (PUC-SP)
Belinda Cunha (UFPB)
Délton Winter de Carvalho (FMP)
Edson da Silva (UFVJM)
Eliete Correia dos Santos (UEPB)
Erineu Foerste (Ufes)
Fabiano Santos (UERJ-IESP)
Francinete Fernandes de Sousa (UEPB)
Francisco Carlos Duarte (PUCPR)
Francisco de Assis (Fiam-Faam-SP-Brasil)
Gláucia Figueiredo (UNIPAMPA/ UDELAR)
Jacques de Lima Ferreira (UNOESC)
Jean Carlos Gonçalves (UFPR)
José Wálter Nunes (UnB)
Junia de Vilhena (PUC-RIO)
Lucas Mesquita (UNILA)
Márcia Gonçalves (Unitau)
Maria Aparecida Barbosa (USP)
Maria Margarida de Andrade (Umack)
Marilda A. Behrens (PUCPR)
Marília Andrade Torales Campos (UFPR)
Marli Caetano
Patrícia L. Torres (PUCPR)
Paula Costa Mosca Macedo (UNIFESP)
Ramon Blanco (UNILA)
Roberta Ecleide Kelly (NEPE)
Roque Ismael da Costa Güllich (UFFS)
Sergio Gomes (UFRJ)
Tiago Gagliano Pinto Alberto (PUCPR)
Toni Reis (UP)
Valdomiro de Oliveira (UFPR)

SUPERVISORA EDITORIAL Renata C. Lopes
PRODUÇÃO EDITORIAL Sabrina Costa
REVISÃO José A. Ramos Junior
DIAGRAMAÇÃO Jhonny Alves dos Reis
CAPA Eneo Lage
REVISÃO DE PROVA Bruna Santos

COMITÊ CIENTÍFICO DA COLEÇÃO LINGUAGEM E LITERATURA

DIREÇÃO CIENTÍFICA Erineu Foerste (UFES)

CONSULTORES
Alessandra Paola Caramori (UFBA)
Alice Maria Ferreira de Araújo (UnB)
Célia Maria Barbosa da Silva (UnP)
Cleo A. Altenhofen (UFRGS)
Darcília Marindir Pinto Simões (UERJ)
Edenize Ponzo Peres (UFES)
Eliana Meneses de Melo (UBC/UMC)
Gerda Margit Schütz-Foerste (UFES)
Guiomar Fanganiello Calçada (USP)
Ieda Maria Alves (USP)
Ismael Tressmann (Povo Tradicional Pomerano)
Joachim Born (Universidade de Giessen/ Alemanha)
Leda Cecília Szabo (Univ. Metodista)
Letícia Queiroz de Carvalho (IFES)
Lidia Almeida Barros (UNESP-Rio Preto)
Maria Margarida de Andrade (UMACK)
Maria Luisa Ortiz Alvares (UnB)
Maria do Socorro Silva de Aragão (UFPB)
Maria de Fátima Mesquita Batista (UFPB)
Maurizio Babini (UNESP-Rio Preto)
Mônica Maria Guimarães Savedra (UFF)
Nelly Carvalho (UFPE)
Rainer Enrique Hamel (Universidad do México)

Obra financiada pelo PROPÓS/AUXPPG/UNEB.

SUMÁRIO

INTRODUÇÃO 9

O PADRÃO CONSTRUCIONAL [VpercAuditivoLoc]$_{MD}$ NO PA: UMA ABORDAGEM CENTRADA NO USO 15
Antonio Ralf da Cunha Carneiro, Cristina dos Santos Carvalho

"AVENIDA X AVINIDA": UM ESTUDO SOBRE O FENÔMENO VARIÁVEL DA HARMONIA VOCÁLICA DE /E/ NA FALA POPULAR DE SANTO ANTÔNIO DE JESUS – BAHIA 33
Amanda Galiza Correia, Aline Silva Gomes

BREVE ANÁLISE DA COPY "VOCÊ NÃO TEM MUITO TEMPO" NA PERSPECTIVA DA TRÍADE ARISTOTÉLICA 49
Carla Severiano de Carvalho, Helena Vieira Pabst

ANÁFORA DO OBJETO DIRETO: CRENÇAS DOS DOCENTES 65
Cláudia Norete Novais Luz, Norma da Silva Lopes

LEITURA MULTISSEMIÓTICA E TRANSPOSIÇÃO DIDÁTICA NO LIVRO DIDÁTICO DO 6º ANO 83
Ravena Hernandes, Valquíria Claudete Machado Borba

ABORDAGEM ECOCOGNITIVA DOS CONCEITOS 101
Paulo Henrique Duque

LETRAMENTOS SOCIAIS NA BASE NACIONAL COMUM CURRICULAR 123
Marcos Bispo, Odair Ledo Neves, Fernanda Maria Almeida dos Santos

A IMPORTÂNCIA DOS LETRAMENTOS DIGITAIS NA EDUCAÇÃO 143
Andréa Beatriz Hack de Góes

CULTURA E RELIGIOSIDADE AFRO-BRASILEIRA EM JUBIABÁ: UM ESTUDO LEXEMÁTICO 155
Luana Cristine da Silva, Maria da Conceição Reis Teixeira

TOPONÍMIA DA PERIFERIA DE SALVADOR: UM ESTUDO DAS NOMEAÇÕES DOS BAIRROS BEIRU/TANCREDO NEVES E PERIPERI ... 173
Celina Márcia de Souza Abbade, Marcos André Queiroz de Lima, Noádya Cristina Oliveira da Cruz

LÉXICO ONOMÁSTICO EM LIBRAS: PROPOSTA DIDÁTICA PARA A APLICAÇÃO NA EDUCAÇÃO BILÍNGUE DE SURDOS 189
Alexandre Melo de Sousa, Israel Queiroz de Lima, João Renato dos Santos Junior

SOBRE OS AUTORES 205

INTRODUÇÃO

Esta obra reúne 11 estudos e pesquisas de discentes e docentes de programas de pós-graduação de universidades brasileiras que focam em questões que envolvem aspectos diversos da linguagem analisados sob o viés da sociolinguística, da argumentação, da linguística aplicada e cognitiva e dos estudos lexicais.

No texto intitulado "O padrão construcional [VpercAuditivoLoc]$_{MD}$ no PA: uma abordagem centrada no uso 1", os autores Antonio Ralf da Cunha Carneiro e Cristina dos Santos Carvalho analisam, no português angolano (PA) contemporâneo, as construções com verbos perceptivos auditivos e pronomes locativos que funcionam como marcador discursivo (MD) de chamada da atenção do interlocutor, representadas virtualmente pelo padrão [VpercAuditivoLoc]$_{MD}$. Buscam descrever esse padrão quanto à sua hierarquia construcional. A investigação parte de quatro *types* específicos ou microconstruções: *ouça lá, ouça aqui, ouve lá* e *escuta aqui*.

No texto "Avenida x avinida": um estudo sobre o fenômeno variável da harmonia vocálica de /e/ na fala popular de Santo Antônio de Jesus – Bahia", Amanda Galiza Correia e Aline Silva Gomes, com base na Harmonia Vocálica (HV), que é um processo fonológico de assimilação regressiva que se caracteriza pela elevação das vogais médias /e/ e /o/ em correspondência à influência de uma vogal alta /i/ ou /u/ em sílaba adjacente, como em b/e/bida ~ b/i/bida, f[i/]rida ~ f[e]rida e etc., a partir da perspectiva da Sociolinguística Variacionista proposta por Labov (2008 [1972]), descrevem o fenômeno variável da harmonia vocálica de /e/ em dados da fala popular de Santo Antônio de Jesus, cidade do estado da Bahia, pertencente ao corpus do Projeto Vertentes do Português Popular do Estado da Bahia a partir de um recorte da pesquisa de mestrado de Correia (2023).

Em "Breve análise da copy "você não tem muito tempo" na perspectiva da tríade aristotélica", Carla Severiano de Carvalho e Helena Vieira Pabst, tendo em vista que no Marketing de Conteúdo, estratégia de atração de clientes, tão em voga no ambiente digital (meio de circulação do discurso), uma das técnicas mais difundidas e aplicadas com vistas à persuasão é o *Copywriting,* e se tratando de mais um ambiente em que os argumentos vigem, examinam como o *pathos* aristotélico, articulado aos demais elementos da tríade, processa-se no *Copywriting* a fim de convencer e, mais ainda, persuadir o público-alvo/ consumidor/ auditório.

Em "Anáfora do objeto direto: crenças dos docentes", Cláudia Norete Novais Luz e Norma da Silva Lopes trazem como objeto de estudo as crenças dos docentes do ensino médio de Salvador sobre a variação da retomada anafórica do objeto direto de terceira pessoa no contexto escolar do português de Salvador. Adotam os pressupostos teórico--metodológicos da Sociolinguística Variacionista e da Sociolinguística Interacional, a concepção de língua desses escopos teóricos e os seus conceitos basilares de visão da linguagem como uma prática social, associada ao sujeito falante e ao grupo a que este pertence. O objetivo geral da pesquisa é analisar as crenças dos docentes do ensino médio de Salvador sobre as estratégias alternativas de uso do clítico acusativo empregadas pelos discentes na produção textual. Para as autoras, o trabalho pautado nas crenças linguísticas dos professores é relevante por sinalizar o que eles consideram sobre a língua portuguesa, o que deve interferir no modo como eles atuam no ensino e a forma como avaliam a língua de que seus alunos fazem uso. O objeto direto anafórico de terceira pessoa, fenômeno linguístico em observação, tem tido tratamento distinto no campo das gramáticas tradicionais e no campo das pesquisas linguísticas, visto que a ciência da linguagem procura, constantemente, interpretar/explicar os usos dos falantes; enquanto aquelas buscam fixar regras que demandem uma única forma, a que é escolhida pelo padrão constituído pela tradição.

No texto "Leitura multissemiótica e transposição didática no livro didático do 6º ano", Ravena Hernandes e Valquíria Claudete Machado Borba, tendo em vista que, após a homologação da Base Nacional Comum Curricular (BNCC), o sistema de ensino passou por inúmeras transformações, principalmente na atualização, no alinhamento e na transposição didática nos livros didáticos, visto que, em Língua Portuguesa, o eixo da leitura, por exemplo, precisou atender às novas demandas sociais, contemplando os textos multissemióticos. analisam a proposta de transposição didática para a leitura dos textos multissemióticos como objeto de conhecimento em um livro didático de 6º ano (Ensino Fundamental) adotado na rede pública. Além disso, analisam como a leitura é abordada no livro, verificando se atende às orientações teórico-metodológicas apresentadas na BNCC para ensino da leitura tendo em vista a multissemiose.

Já em "Abordagem ecocognitiva dos conceitos", Paulo Henrique Duque traz um estudo que enfatiza a necessidade de compreender a cognição como um processo adaptativo e situado, profundamente enraizado nas práticas sociais e culturais. Para o autor, a interação dinâmica entre o organismo e o ambiente é crucial para a sobrevivência dos seres vivos, envolvendo uma rede complexa de processos cognitivos e comportamentais que permitem responder adequadamente às demandas ambientais. Esta perspectiva oferece uma visão mais flexível dos processos cognitivos humanos, abrindo novas possibilidades para a pesquisa e aplicação prática em diversas áreas, desde a neurociência e a psicologia cognitiva até a robótica e a inteligência artificial, impactando nossa compreensão da mente e do comportamento humano. Assim, introduz a abordagem ecocognitiva dos conceitos, que é baseada na cognição 4E (corporificada, situada, enativa e estendida) e na teoria SCOP (*State Context Property*).

O texto "Letramentos sociais na Base Nacional Comum Curricular", de Marcos Bispo, Odair Ledo Neves e Fernanda Maria Almeida dos Santos, problematiza a separação radical entre letramentos sociais e letramento escolar, proposta por Street (2014). O texto parte do seguinte questionamento: os letramentos sociais devem ser entendidos sempre em oposição ao letramento escolar, isto é, apenas os letramentos que independem da escola são sociais? Com o objetivo de demonstrar que o modelo pedagógico delineado na BNCC rompe com essa oposição, os autores desenvolvem uma crítica aos fundamentos que sustentam a tese de Street, identificando nela os seguintes problemas: a desconsideração de que a pedagogia tecnicista foi superada pela das competências, a ausência de uma concepção explícita de linguagem que direciona as formas de compreensão das práticas de letramento, a falta de clareza quanto ao papel do sujeito como cidadão e uma compreensão limitada da natureza dos conteúdos escolares. Os autores concluem que, ao escolarizar letramentos sociais, a BNCC desfaz a oposição estabelecida pelos Novos Estudos do Letramento.

Já em "A importância dos letramentos digitais na educação", Andréa Beatriz Hack de Góes, considerando as habilidades inerentes aos letramentos digitais como indispensáveis aos processos de ensino e aprendizagem na atualidade, busca analisar, sob a luz das mudanças nas competências de leitura e escrita em diferentes suportes e contextos marcados pela multimodalidade de linguagens característica da multimídia vigente, diferentes enfoques dos letramentos digitais em linguagem, a saber: o papel e importância do suporte impresso na atualidade; a polêmica do subcódigo designado com o neologismo "internetês" e suas implicações no ensino de língua; as prerrogativas e possibilidades do hipertexto como interface de interação e expansão do conhecimento e, por fim, a sedução e multiplicidade de linguagens presentes nos recursos multimídia, elemento integralmente circunscrito ao contexto da internet. Conforme a pesquisadora, todos esses elementos são postos enquanto essenciais à formação oferecida atualmente pela escola, e por isso representam um grande desafio pedagógico para os educadores, não apenas da área de língua, e estrutural para as instituições, que precisam se adequar para atender a essas demandas.

No texto "Cultura e religiosidade afro-brasileira em Jubiabá: um estudo lexemático", Luana Cristine da Silva e Maria da Conceição Reis Teixeira, com base no romance *Jubiabá*, do escritor baiano Jorge Amado, publicado em 1935, que retrata o contexto socio-histórico do período e temas como protagonismo negro e a revolução proletária, estudam o vocabulário utilizado pelo autor no referido romance, analisando as lexias referentes ao universo afro-brasileiro e trabalhista inseridos na obra a partir do contexto sócio-histórico-cultural da Bahia do século XX. Nesta direção, o trabalho pretende responder como a representação da cultura e da sociedade baiana pode ser identificada através do léxico específico da comunidade descrita por Jorge Amado.

Já o texto "Toponímia da periferia de Salvador: um estudo das nomeações dos bairros Beiru/Tancredo Neves e Periperi", dos autores Celina Márcia de Souza Abbade, Marcos André Queiroz de Lima e Noádya Cristina Oliveira da Cruz , ancorado nos estudos lexicológicos através da toponímia, analisa os topônimos que nomeiam os bairros soteropolitanos de Beiru/Tancredo Neves e Periperi e suas relações socioculturais, com foco nas questões raciais, a fim de entender até que ponto as motivações africana e indígena influenciaram no processo de nomeação dos logradouros desses bairros. Tal olhar se torna possível por se tratar de espaços urbanos cujas populações são majoritariamente negras e de baixa renda. Para além disso, são áreas dominadas pela violência e pouco assistidas pelo Estado. Para os autores, estudar os topônimos que nomeiam esses espaços é adentrar no universo sociocultural dessas comunidades, mergulhando na relação entre esses topônimos e os espaços nomeados, permitindo verificar os aspectos que envolvem língua, cultura e identidade.

Finalizando a obra, o texto "Léxico onomástico em Libras: proposta didática para a aplicação na educação de surdos", de Alexandre Melo de Sousa, Israel Queiroz de Lima e João Renato dos Santos Junior, as pesquisas teóricas e aplicadas com foco na educação de surdos, na Língua Brasileira de Sinais, e no português como segunda língua (L2) para surdos tiveram um crescimento nos meios acadêmicos, possibilitando melhor conhecimento das suas especificidades linguísticas e culturais. No que se refere aos estudos do léxico em Libras, as pesquisas abrangem a Lexicologia (Eler, 2022), a Lexicografia (Fernandes, 2023), a Terminologia (Ribeiro, 2013), a Fraseologia (Albuquerque, 2022), a Onomástica (Sousa, 2023) entre outras vertentes que dão destaque à formação lexical, à criatividade e expansão lexical, à variação lexical, inclusive em perspectivas interdisciplinares. Para os autores, ainda que os avanços sejam visíveis, há certa escassez de estudos que mostrem como as discussões e descrições teóricas relacionadas ao léxico devem chegar até a sala de aula onde há alunos surdos para aplicações práticas (Faria-Nascimento et al., 2021). Assim, apresentam uma proposta didática para o trabalho com o léxico onomástico em Libras na educação bilíngue de surdos. Especificamente, tratam sobre o léxico onionímico — o conjunto de nomes próprios de marcas, produtos, estabelecimentos comerciais e instituições financeiras.

Boa leitura!
Os organizadores

O PADRÃO CONSTRUCIONAL [VpercAuditivoLoc]$_{MD}$ NO PA: UMA ABORDAGEM CENTRADA NO USO[1]

Antonio Ralf da Cunha Carneiro
Cristina dos Santos Carvalho

1 INTRODUÇÃO

Algumas pesquisas sobre o português brasileiro (Rost, 2002; Rost-Snichelotto, 2009 e Rost-Snichelotto; Görski, 2011; Teixeira, 2015; Sambrana, 2021 etc.) têm apontado uma tendência de verbos de percepção visual, associados à segunda pessoa do singular e em configuração imperativa, derivarem marcadores discursivos (MD) com a macrofunção de chamada da atenção do interlocutor. Carneiro (2024) demonstra que há essa tendência também em relação a verbos de percepção auditiva no português angolano (PA).

Neste trabalho, à esteira de Carneiro (2024), investigamos as construções com verbos perceptivos auditivos e pronomes locativos que funcionam como MD de chamada da atenção do interlocutor (1), aqui representadas virtualmente pelo padrão [VpercAuditivoLoc]$_{MD}$.

(1) [...] passei a fazer serviço com pistola-metralhadora, procurando não dar muito nas vistas, e chamei o aspirante David Lopes Ramos, que não estava de prevenção, mas era o elemento de ligação que eu tinha com os oficiais milicianos. Alertei-o a seguir ao jantar: "*Ouça lá*, você sabe rezar?" e ele responde-me: " Porque é que me está a perguntar isso, meu capitão?". Eu insisto: " É que se soubesse rezar eu mandava-o rezar ". Ele começa a ficar nervoso e diz-me: " Não me diga que é esta noite?". Ao que eu respondo: " É sim senhor." Pedi-lhe para alertar os oficiais milicianos. [...] (CP, https://www.corpusdoportugues.org/web-dial/)

---

[1] Neste texto, apresentamos resultados parciais da pesquisa de mestrado Construções com verbos perceptivos e pronomes locativos como marcadores discursivos no português angolano: um enfoque centrado no uso, defendida em 2024, na Universidade do Estado da Bahia (Uneb), por Antonio Ralf da Cunha Carneiro e orientada por Cristina dos Santos Carvalho.

Partindo de usos como o ilustrado em (1), objetivamos, então, analisar, no PA, o padrão construcional [VpercAuditivoLoc]$_{MD}$ quanto à sua hierarquia construcional. Mais precisamente, centramos nossa atenção nas instanciações desse padrão construcional através de quatro *types* específicos ou microconstruções: *ouça lá, ouça aqui, ouve lá* e *escuta aqui.*

Como aporte teórico, orientamo-nos pela Linguística Funcional Centrada no Uso — LFCU[2] (Furtado da Cunha; Bispo, 2013; Furtado da Cunha; Silva; Bispo, 2016, entre outros), sob a perspectiva da abordagem construcional da Gramática (Croft, 2001; Bybee, 2016 [2010]; Traugott; Trousdale, 2021 [2013]). A nossa investigação recai sobre o elo de correspondência das propriedades de forma e significado das microconstruções do padrão construcional [VpercAuditivoLoc]$_{MD}$, examinadas a partir dos dados empíricos da variedade angolana do português contemporâneo do século XXI. Para a análise das construções, utilizamos, como amostra, textos do *Corpus* do Português (Davies; Ferreira, 2006), partindo de metodologia em viés qualitativo e quantitativo (Lacerda, 2016).

Para contemplar o nosso objeto de estudo, inicialmente, traçamos um breve panorama da LFCU, destacando o conceito de construção. Posteriormente, explicitamos questões atinentes à metodologia da pesquisa em relação ao *corpus* utilizado e aos procedimentos adotados para a análise qualiquantitativa das construções investigadas. Em seguida, discutimos os resultados da análise dos dados no que concerne à descrição do padrão construcional [VpercAuditivoLoc]$_{MD}$. Logo após, expomos as considerações finais a respeito do nosso objeto de investigação. Por fim, apresentamos as referências utilizadas no trabalho.

2 ENFOQUE TEÓRICO: A LFCU E A NOÇÃO DE CONSTRUÇÃO

A LFCU ou Linguística Cognitivo-funcional nasce do diálogo do Funcionalismo linguístico norte-americano com a linguística cognitiva e, mais especificamente, com a abordagem construcional da gramática. Como afirmam Furtado da Cunha, Silva e Bispo (2016, p. 56), "[...] uma tendência recente de pesquisas vinculadas à Linguística Funcional norte-americana (LF) é a incorporação de pressupostos teórico--metodológicos da Gramática de Construções (GC)", dando um lugar de

---

[2] A LFCU é o rótulo adotado por pesquisadores funcionalistas brasileiros do Grupo Discurso & Gramática (Furtado da Cunha; Bispo, 2013; Furtado da Cunha; Bispo; Silva, 2013 etc.) para a abordagem que tem sido chamada de Modelos Baseados no Uso (MBU). Neste trabalho, optamos por utilizar o rótulo LFCU.

destaque às investigações da mudança linguística. Tal tendência prevê a gramática como uma estrutura "holística" em que nenhum nível de gramática é autônomo, ou seja, em uma determinada construção, os níveis gramaticais (semântico, morfossintático, fonológico e pragmático) funcionam juntos (Traugott; Trousdale, 2021 [2013]).

De acordo com Barlow e Kemmer (2000, p. xv), "[...] como o sistema linguístico está tão intimamente ligado ao uso, as teorias da linguagem devem ser fundamentadas em uma observação de dados de usos reais da linguagem"[3]; nessa concepção, uma teoria baseada no uso toma como objeto de estudo a linguagem que os falantes realmente produzem e interpretam. Nesse contexto, Bybee (2016 [2010]) afirma que a perspectiva baseada no uso consiste no princípio de que a estrutura da língua emerge à medida que esta é usada. A LFCU considera que a língua se constrói e se molda no ato da interação entre os seres humanos, "[...] com base na interface linguagem, cognição e ambiente sócio-histórico" (Furtado da Cunha; Bispo, 2013, p. 54).

A forma como os falantes utilizam seu inventário linguístico, adaptando-se às necessidades e preferências em comunicações diárias, influencia a evolução e a mudança da língua ao longo do tempo. Como explica Bybee (2016 [2010]), as experiências dos falantes são múltiplas e variáveis e o sistema linguístico é necessariamente dinâmico, suscetível à variação e mudança. Nesse sentido, "[...] as unidades de linguagem (de fonemas a construções) não são fixas, mas dinâmicas, sujeitas à extensão criativa e remodelação com o uso" (Barlow; Kemmer, 2000, p. ix)[4]. Em outras palavras, à medida que os falantes articulam e estruturam novos usos de se expressar e comunicar, algumas construções gramaticais podem se tornar mais comuns ou passar por transformações por completo.

No contexto teórico da LFCU, as construções são entendidas como unidades fundamentais da gramática, o que significa dizer que "[...] sob o prisma construcional, [...] a língua é um inventário de construções" (Furtado da Cunha; Lacerda, 2017, p. 30). Sendo assim, como ressalta Goldberg (2003, p. 219), "[...] a totalidade do nosso conhecimento da língua é apreendida por uma rede de construções". Furtado da Cunha e Lacerda (2017) salientam que o conceito de construção está ligado ao

---

[3] "Because the linguistic system is so closely tied to usage, it follows that theories of language should be groundod in an observation of data from actual uses of language." (Barlow; Kemmer, 2000, p. xv).

[4] "[...] units of language (from phonemes to constructions) are not fixed but dynamic, subject to creative extension and reshaping with use." (Barlow; Kemmer, 2000, p. ix).

uso linguístico que os falantes produzem no ato real de comunicação; tais construções são abstrações instanciadas por meio dos construtos.

À esteira de Croft (2001), Traugott e Trousdale (2021 [2013], p. 36) definem uma construção como pareamento forma-significado, assim representado: [[F] ↔ [S]]. Quanto a essa representação, os autores mencionam que F é abreviatura de forma, que abarca as propriedades fonológicas, morfológicas e sintáticas de uma construção; já S é abreviatura de significado, que engloba as propriedades semânticas, pragmáticas e discursivas. Observamos que os autores seguem as distinções feitas por Croft (2001) quando estabelecem os traços de uma construção. A flecha de duas cabeças corresponde ao elo entre forma e significado; já a utilização dos colchetes externos representa o pareamento forma-significado.

Traugott e Trousdale (2021 [2013]) citam três fatores — esquematicidade, composicionalidade e produtividade — relevantes para a caracterização das construções. Abordaremos aqui o primeiro. Nos termos dos teóricos, a esquematicidade é uma propriedade de categorização linguística altamente abstrata. Um esquema é uma generalização taxonômica de categorias desenvolvidas por grupos semanticamente gerais, de rede de construções, procedurais ou mesmo de conteúdo. "São abstrações que perpassam conjuntos de construções que são (inconscientemente) percebidas pelos usuários da língua como sendo estreitamente relacionadas na rede construcional" (Traugott; Trousdale, 2021 [2013], p. 44-45).

A esquematicidade é gradiente e com distinções hierárquicas que podem ser compostas dentro de uma rede de construções. Traugott e Trousdale (2021 [2013], p. 48-49) propõem "[...] o seguinte conjunto mínimo de níveis construcionais como uma heurística para a descrição e análise da mudança construcional: esquemas, subesquemas e microconstruções". Os esquemas linguísticos e seus graus são instanciados por subesquemas (que representam um nível hierárquico intermediário) e, atingindo níveis mais baixos da rede, por microconstruções, conceituadas como tipos específicos de esquemas mais abstratos. Tais esquemas e subesquemas são entendidos como subpartes do sistema linguístico. "A esquematicidade de uma construção linguística está relacionada ao grau em que ela captura padrões mais gerais em uma série de construções mais específicas" (Traugott; Trousdale, 2021, [2013], p. 45).

As microconstruções são instanciadas no uso e na rede por meio dos construtos. Já os construtos são ocorrências empiricamente atestadas no uso entre os falantes. São imbuídos de significado pragmático. Ainda segundo os autores, "[...] construtos escritos também são ocorrências empiricamente atestadas"; então, em uma investigação linguística pelo modelo baseado no uso, podemos entender que "[...] os construtos são o que falantes/escreventes produzem e que ouvintes/leitores processam" (Traugott; Trousdale, 2021 [2013], p. 49). Neste trabalho, examinando construtos do PA, assumimos, com base em Traugott e Trousdale (2021 [2013]), que as construções [VpercAuditivoLoc]$_{MD}$ podem ser descritas segundo diferentes graus de esquematicidade.

Tendo apresentado alguns conceitos e pressupostos do arcabouço teórico do nosso estudo, na próxima seção, trataremos de aspectos metodológicos da pesquisa.

3 METODOLOGIA

Embora se baseie em postulados da proposta de Traugott e Trousdale (2021 [2013]), que respaldam seus estudos de mudança linguística em viés construcional a partir de uma perspectiva diacrônica, a nossa pesquisa percorre um viés sincrônico. Para isso, valemo-nos do trabalho de Rosário e Lopes (2017), que apresenta a noção de "[...] construcionalização gramatical sincrônica". Segundo os autores, é possível estudar os fenômenos que ocorrem na língua nos contextos em tempo presente, ou seja, ocorre a mudança linguística também em perspectiva sincrônica e não apenas na diacrônica. Para a LFCU, as hipóteses de mudanças são devidamente evidenciadas e tratadas a respeito dos aspectos que podem ser tanto sincrônicos e diacrônicos com dados de textos reais (falados e/ou escritos).

Como amostra, utilizamos textos do século XXI do PA, integrantes do banco de dados *Corpus* do Português, idealizado por Davies e Ferreira (2006). Os dados examinados nesta pesquisa são textos das modalidades oral e escrita da sincronia do séc. XXI do PA, extraídos da interface *Web/Dialetos*, que é composta de mais de um bilhão *de palavras* de páginas da *web* (*blogs, sites*) de quatro países de língua portuguesa (Brasil, Portugal, Angola, Moçambique) entre os anos de 2013 e 2014[5].

Os procedimentos metodológicos que adotamos para o estudo das construções [VpercAuditivoLoc]$_{MD}$ e dos seus níveis de hierarquia

---

[5] Para maiores informações, consultar o site do Corpus do Português, disponível em www.corpusdoportugues.org/.

construcional dizem respeito ao levantamento, ao fichamento e à análise dos dados. Durante o levantamento dos dados no *corpus*, realizamos, de maneira exaustiva, uma busca geral por cada microconstrução do padrão [VpercAuditivoLoc]$_{MD}$: *escuta aqui, ouve lá, ouça lá* e *ouça aqui*. Buscamos as 100 primeiras ocorrências de cada combinação de verbo perceptivo e pronome locativo, mas não chegamos a obter essas 100 ocorrências nos dados levantados no *corpus*. Logo após a busca, realizamos o fichamento de cada ocorrência das quatro microconstruções. Por fim, procedemos a uma análise qualiquantitativa (Lacerda, 2016) dos dados do PA. Para a computação dos construtos examinados por frequências *type* e *token* (Bybee, 2003)[6], utilizamos um procedimento manual de quantificação das ocorrências com a calculadora do programa *Windows*.

Tendo delineado o percurso metodológico da pesquisa, a seguir, apresentaremos os resultados da análise dos dados.

4 AS CONSTRUÇÕES [VpercAuditivoLoc]$_{MD}$ NO PA: ANÁLISE DOS DADOS

Fundamentando-nos em Traugott e Trousdale (2021 [2013]) e examinando os dados do PA, constatamos que o padrão construcional [VpercAuditivoLoc]$_{MD}$, ilustrado em (2), pode ser representado da seguinte maneira: [VpercAuditivoLoc] (forma) ↔ MD com a macrofunção de chamada da atenção do interlocutor (significado).

> (2) [...] Fernando se vc acha que este blog tá ruim e veio so para criticar, lhe sugiro que não perca seu tempo aqui, pegue um prego e comece a chupas- lo até virar taxinha, e depois apresente as teorias que a saliva e capaz de realizar com metais em uma feira de ciencias... *Escuta aqui*, fedelho... mas aonde é que tu pensa que estás? Que falta de respeito... Isso é ofensa pura, não só com o NEME, mas com todos os demais frequentadores. Malcriado, mal-agradecido, mal-amado, mal-intencionado... [...] (CP, https://www.corpusdoportugues.org/web-dial/x4.asp?t=361643&ID=1246496012).

Em (2), notamos uma possibilidade de preenchimento do eixo da forma [VpercAuditivoLoc]: *escuta* (verbo perceptivo auditivo) e *aqui* (pro-

---

[6] Conforme explica Bybee (2003), na frequência token, temos a quantidade de ocorrências numa mesma construção. Já a frequência type relaciona o tipo de um padrão em particular.

nome locativo). Quanto ao eixo do significado, temos o emprego de *escuta aqui* como MD direcionado para o interlocutor da situação comunicativa: o locutor (Fernando) responde advertindo, de maneira mais incisiva, o interlocutor em relação ao comentário anteriormente publicado; podemos observar também essa advertência mais incisiva a partir do emprego dos seguintes termos: "fedelho" "mal-criado", "mal-amado" etc. Nesse contexto, *escuta aqui* desempenha a macrofunção de chamada da atenção do interlocutor (Rost-Snichelotto, 2009).

No PA, o padrão construcional [VpercAuditivoLoc]$_{MD}$ se distribui, quanto à base verbal, em dois subesquemas: [OuvirLoc]$_{MD}$ e [EscutarLoc]$_{MD}$[7]. Na amostra, registramos um total geral de 19 construtos do padrão [VpercAuditivoLoc]$_{MD}$, dos quais dez ocorrem com a base verbal *ouvir* e nove, com *escutar*, como podemos verificar na Tabela 1.

Tabela 1 – Frequências *type* e *token* dos subesquemas com verbos perceptivos auditivos no PA

Base verbal	Microconstruções/ *Types*	Quantitativo *token*	Quantitativo *token* por *type*	*Type* virtual
Ouvir	ouça aqui	4	10	[OuvirLoc]$_{MD}$
	ouça lá	3		
	ouve lá	3		
Escutar	escuta aqui	9	9	[EscutarLoc]$_{MD}$
Total geral	4	19		

Fonte: Carneiro (2024, p. 126).

Analisando os dados da Tabela 1, no que diz à frequência *type*, de modo geral, no PA, o padrão [VpercAuditivoLoc]$_{MD}$ instancia um total de quatro microconstruções levantadas no *corpus* (*ouça aqui, ouça lá, ouve lá* e *escuta aqui*). Quanto à extensibilidade, podemos dizer que [OuvirLoc]$_{MD}$, pelo fato de sancionar mais microconstruções, é um pouco mais produtivo do que [EscutarLoc]$_{MD}$: três microconstruções (*ouça aqui, ouça lá* e *ouve lá*) e uma microconstrução (*escuta aqui*), respectivamente.

---
[7] Ressaltamos que, para essa nossa proposição, partimos da categorização de subesquemas feita por Sambrana (2021) para os verbos visuais e ampliamos essa proposta para os verbos auditivos.

Quanto à frequência *token* do padrão [VpercAuditivoLoc]$_{MD}$, observamos que a diferença entre o número de ocorrências dos *types* verbais *ouvir* e *escutar* é de apenas um ocorrência em favor de [OuvirLoc]$_{MD}$. Para o *type* virtual [OuvirLoc]$_{MD}$, existe uma distribuição equilibrada entre as microconstruções sancionadas por esse type: *ouça aqui* (com quatro ocorrências) e *ouça lá* e *ouve lá* (ambas com três ocorrências); a diferença entre a primeira microconstrução e as últimas são também de apenas 1 ocorrência. O *type* virtual [EscutarLoc]$_{MD}$ compreende um total de 9 ocorrências para a microconstrução *escuta aqui*.

Passamos a apresentar características relativas aos polos da forma e do significado das microconstruções licenciadas pelos subesquemas [OuvirLoc]$_{MD}$ e [EscutarLoc]$_{MD}$. Tais características estão sintetizadas em quadros. Na descrição dos exemplos citados, valemo-nos de parâmetros de forma (posição sintática) e significado (macrofunção discursiva, função semântico-pragmática e tipo de sequência linguística).

4.1 OUÇA AQUI

Descrevemos algumas propriedades da microconstrução *ouça aqui*, no Quadro 1, considerando os quatro *tokens* verificados na amostra.

Quadro 1 – Propriedades de forma e de significado da microconstrução *ouça aqui*

		PROPRIEDADES	TRAÇOS
OUÇA AQUI	FORMA	Sintática	- Ocorre, na sentença, em posição inicial.
			- Não subcategoriza argumentos internos.
			- Não admite material interveniente entre as suas subpartes.
		Morfológica	- Apresenta duas subpartes: um verbo perceptivo auditivo (*ouvir*) e um pronome locativo (*aqui*).
			- Ocorre com verbo no modo imperativo afirmativo (com forma de subjuntivo) e na segunda pessoa do singular.
		Fonológica	- Constitui um vocábulo fonológico: /owsaˈki/.

	Semântico-pragmática	- Como marcador discursivo, direciona a atenção do interlocutor com diferentes propósitos comunicativos. - Cumpre as funções semântico-pragmáticas de advertência menos incisiva e repreensivo-opinativa (atuando na macrofunção articuladora interacional)[8].
SIGNIFICADO	Discursivo-funcional	- Figuram em/introduzem sequências linguísticas argumentativas.

Fonte: Carneiro (2024, p. 127).

Tomando por base o construto (3), vejamos um contexto de uso de *ouça aqui*.

> (3) [...] A fúria de Kissinger culmina meses de antagonismo e divisões sobre a via a seguir por os Estados Unidos em a guerra civil que começa a intensificar- se ao longo de 1975 em Angola. *Ouça aqui* queridinho essas divisões são evidentes em milhares de documentos tornados públicos por o Departamento de Estado sobre a política americana para a África=Austral e devem- se essencialmente a visões diferentes de as implicações de o que se passa em Angola para os Estados Unidos. Trata- se de duas iniciativas, nomeadamente uma acção judicial de restituição de a "« herança "» Lunda ou seja de a terra e a outra é de indemnização por as detenções ilegais. [...] (CP, https://macua.blogs.com/moambique_para_todos/angola/page/4/)

Na cena comunicativa ilustrada em (3), o falante/escritor retrata o episódio da guerra civil angolana de 1975 e a atuação dos EUA nos encadeamentos da guerra. Na sequência, o falante/escritor noticia que o antigo secretário de Estado, Henry Kissinger, acusou o departamento de Estado americano de não ter tido um comportamento adequado, ocasionando divisões internas dentro da instituição. Em (3), temos o uso do MD *ouça aqui*, em posição sintática inicial, com a função semântico-pragmática de repreensivo-opinativa, atuando na macrofunção articuladora interacional. Na troca comunicativa, o locutor adverte o interlocutor com o uso do MD *ouça aqui* seguido de argumentos que sustentam o seu ponto de vista ("essas divisões são evidentes em milhares de documentos tornados

---
[8] Para a tipologia das funções semântico-pragmáticas das construções analisadas, tomamos como ponto de partida as classificações apresentadas por Rost-Snichelotto e Görski (2011) e Teixeira (2015). Em relação à macrofunção discursiva, esteamo-nos em Rost (2002) e Rost-Snichelotto (2009).

públicos pelo Departamento de Estado sobre a política americana para a África=Austral"). Sendo assim, nesse contexto, a microconstrução *ouça aqui* introduz uma sequência argumentativa.

A ocorrência (3) aponta que, no jogo interacional, *ouça aqui* é utilizado pelo falante/escritor como estratégia de chamada da atenção do seu interlocutor com o propósito de repreendê-lo, mostrando um ponto de vista.

4.2 OUÇA LÁ

Apresentamos, no Quadro 2, algumas propriedades da microconstrução *ouça lá*, com base nos três *tokens* registrados no *corpus*.

Quadro 2 – Propriedades de forma e de significado da microconstrução *ouça lá*

	PROPRIEDADES	TRAÇOS
OUÇA LÁ / **FORMA**	Sintática	- Ocorre, na sentença, em posição inicial. - Não subcategoriza argumentos internos. - Não admite material interveniente entre as suas subpartes.
	Morfológica	- Apresenta duas subpartes: um verbo perceptivo auditivo (*ouvir*) e um pronome locativo (*lá*). - Ocorre com verbo no modo imperativo afirmativo (com forma de subjuntivo) e na segunda pessoa do singular.
	Fonológica	- Constitui um vocábulo fonológico: /owsa ˈla/.
SIGNIFICADO	Semântico-pragmática	- Como marcador discursivo, direciona a atenção do interlocutor com diferentes propósitos comunicativos. - Cumpre as funções semântico-pragmáticas de advertência menos incisiva, prefaciadora (atuando na macrofunção articuladora interacional).
	Discursivo-funcional	- Figuram em/introduzem diferentes sequências linguísticas: conversacionais e narrativas.

Fonte: Carneiro (2024, p. 129).

Examinemos agora os usos da microconstrução *ouça lá* a partir do exemplo (4):

(4) Um político que estava em plena campanha chegou a uma pequena cidade, subiu para o palanque e começou o discurso:

- *Compatriotas*, *companheiros*, *amigos*! Encontramo-nos aqui,*convocados *, *reunidos* ou *juntos* para *debater*, *tratar* ou *discutir* um *tópico*, *tema* ou *assunto*, o qual me parece *transcendente*, *importante* ou de *vida ou morte*. [...]

De repente, uma pessoa do público pergunta:- *Ouça lá*, porque é que o senhor utiliza sempre três palavras, para dizer a mesma coisa? O candidato respondeu:

- Pois veja, meu senhor: a primeira palavra é para pessoas com nível cultural muito alto, como intelectuais em geral; a segunda é para pessoas com um nível cultural médio, como o senhor e a maioria dos que estão aqui; A terceira palavra é para pessoas que têm um nível cultural muito baixo, pelo chão, digamos, como aquele alcoólico, ali deitado na esquina. (CP, https://angodebates.blogspot.com/2008/07/entre-coros-e-guitarras-homenagem-teta.html)

Em (4), vemos que, durante um discurso político que ocorreu em uma cidade para o cargo de presidente da câmara do município, o locutor (uma pessoa da plateia), tendo em vista o interlocutor (político), emprega o MD *ouça lá* para pedir para que ele (no caso, o político) explique por que usa sempre três palavras (por exemplo, compatriotas, companheiros e amigos) no seu discurso para dizer a mesma coisa. A microconstrução *ouça lá*, em posição sintática inicial, funciona com um valor semântico-pragmático de prefaciação, introduzindo um questionamento na interação comunicativa (porque é que o senhor utiliza sempre três palavras, para dizer a mesma coisa?). Sendo assim, atua na macrofunção articuladora interacional. Nesse contexto, a microconstrução *ouça lá* insere uma sequência conversacional, que representa o turno da pessoa da plateia que, durante um comício, interpela o político candidato.

Com base no construto (4), percebemos que *ouça lá*, em certos contextos de interlocução, é empregado com a macrofunção de convocar/chamar atenção do interlocutor: na interação, o locutor pode ter diferentes propósitos comunicativos, a exemplo, de prefaciar o que será dito em sequência para o interlocutor.

4.3 OUVE LÁ

Observando os três construtos encontrados na amostra, exibimos, no Quadro 3, algumas propriedades referentes às dimensões da forma e do significado da microconstrução *ouve lá*.

Quadro 3 – Propriedades de forma e de significado da microconstrução *ouve lá*

	PROPRIEDADES	TRAÇOS
OUVE LÁ / FORMA	Sintática	- Ocorre, na sentença, em posição inicial. - Não subcategoriza argumentos internos. - Não admite material interveniente entre as suas subpartes.
	Morfológica	- Apresenta duas subpartes: um verbo perceptivo auditivo (*ouvir*) e um pronome locativo (*lá*). - Ocorre com verbo no modo imperativo afirmativo (com forma de indicativo) e na segunda pessoa do singular.
	Fonológica	- Constitui um vocábulo fonológico: /owvi ˈ la/.
SIGNIFICADO	Semântico-pragmática	- Como marcador discursivo, direciona a atenção do interlocutor com diferentes propósitos comunicativos. - Cumpre as funções semântico-pragmáticas de advertência menos incisiva e prefaciadora (atuando na macro-função articuladora interacional).
	Discursivo-funcional	- Figuram em/introduzem diferentes sequências linguísticas: conversacionais e injuntivas.

Fonte: Carneiro (2024, p. 131).

Partindo do exemplo (5), tecemos comentários sobre a microconstrução *ouve lá* e seus contextos de uso.

(5) [...] Vieram connosco mais quatro amigos do Zé, e eu fiquei surpreendido, um pouco assustado mesmo, quando reparei que dois deles levavam cacetes grandes, desses que servem para fazer a cara num bolo a um peixe-martelo. E perguntei ao Zé, «Levam cacetes para quê?», «É melhor. Às vezes dá porrada. Com os cacetes não tem maka», «Mas *ouve lá*, um cacete desses mata um tubarão!», «Pois é, Rui,

tu não conheces esses gajos do "musseque da mandioca", pois não?...São perigosos, estou a falar. E não são dois ou três quando se zangam, tens logo uns dez à tua frente. Mas quando vêem o cacete ficam sossegados...até dá gosto vê-los». [...] (CP, http://folha8.blogspot.com/2011/03/os-filhos-do-papa-dya-kota-8-antonio.html).

Em (5), o escritor/falante narra uma história de quando o Zé o convidou para ir a uma festa com seus amigos na zona de Ialacolo. Na cena comunicativa em (5), o escritor/falante manifesta o seu descontentamento e surpresa diante da situação dos amigos do Zé que levavam cacetes para festa no Ialacolo. O locutor questiona o motivo de os amigos do Zé levarem cacetes e, após receber uma resposta, na negociação interacional, o locutor usa o MD *ouve lá* com valor de advertência menos incisiva, expondo para o seu interlocutor o seu receio devido ao tamanho do objeto. A microconstrução *ouve lá* é instanciada em uma sequência conversacional, que constitui uma resposta do locutor para alertar o interlocutor sobre algo (o objeto cacete). Em (5), o uso do MD *ouve lá* está depois da conjunção "mas" e antes da sentença que introduz numa macrofunção articuladora interacional.

Na ocorrência (5), o construto confirma o uso do MD *ouve lá* em atos de interlocução: a microconstrução *ouve lá* é recrutada pelo locutor para demarcar uma estratégia maior de chamada da atenção do seu interlocutor, atuando com o propósito de cumprir as funções de advertência menos incisiva (com o intuito de alertar/avisar o interlocutor).

4.4 ESCUTA AQUI

No Quadro 4, elencamos algumas propriedades da microconstrução *escuta aqui*, considerando os nove *tokens* levantados na amostra

Quadro 4 – Propriedades de forma e de significado da microconstrução *escuta aqui*

	PROPRIEDADES	TRAÇOS
ESCUTA AQUI — FORMA	Sintática	- Ocorre, na sentença, em posição inicial. - Não subcategoriza argumentos internos. - Não admite material interveniente entre as suas subpartes.
	Morfológica	- Apresenta duas subpartes: um verbo perceptivo auditivo (*escutar*) e um pronome locativo (*aqui*). - Ocorre com verbo no modo imperativo afirmativo (com forma de indicativo) e na segunda pessoa do singular.
	Fonológica	- Constitui um vocábulo fonológico: /Eskuta'ki/.
SIGNIFICADO	Semântico-pragmática	- Como marcador discursivo, direciona a atenção do interlocutor com diferentes propósitos comunicativos. - Cumpre as funções semântico-pragmáticas de advertência mais incisiva e prefaciadora (atuando na macrofunção articuladora interacional).
	Discursivo-funcional	- Figuram em/introduzem diferentes sequências linguísticas: narrativas, argumentativas, descritivas e conversacionais.

Fonte: Carneiro (2024, p. 134).

Descrevemos os contextos de uso de *escuta aqui* a partir do exemplo (6):

> (6) a Cami, e fez nós duas ficarmos brigadas por uns 4 meses. Flash Back On: Ele era namorado de ela, e em uma festa, em a casa de uma amiga nossa, eu estava tentando achar o banheiro, e em um de os corredores de a casa, eu fui puxada pra dentro de um de os quartos, e as luzes estavam apagadas, eu consegui acendes-las e eu vi o Jorge, ele tava sem camiseta, e chegando perto de mim. De repente ele tentou me beijar e eu empurrei ele: Jorge: *Escuta aqui* vadia, se você não fizer o que eu quero, sua amiguinha Cami, vai ter o coraçãozinho partido. Eu cuspi em a cara de ele, e ele bateu em a minha cara, depois ele me prendeu em a parede, eu gritei, ele me beijou, me jogou em a cama, e me deu um chupão em o pescoço, eu tentava sair, mas ele, obviamente, era mais forte que eu. (CP, https://www.corpusdoportugues.org/web-dial/x4.asp?t=49995&ID=1192833553)

No fragmento (6), a escritora/falante narra os fatos que aconteceram durante uma festa na casa da sua amiga, quando ela foi agarrada por um homem chamado Jorge. Na cena comunicativa em (6), foi Jorge que, figurando como emissor em um dado momento dessa cena, emitiu o MD *escuta aqui* com a intencionalidade de ameaçar a sua interlocutora. Observamos, nesse contexto, um tom de ameaça, reforçado pelo uso do termo "vadia" e pela presença de uma sequência injuntiva ("se você não fizer o que eu quero, sua amiguinha Cami, vai ter o coraçãozinho partido"). Sendo assim, consideramos que, em (6), a microconstrução *escuta aqui*, em posição sintática inicial, expressa uma função semântico-pragmática de advertência mais incisiva e atua na macrofunção articuladora interacional. Devemos observar que, embora o contexto mais amplo do construto seja narrativo, *escuta aqui* introduz uma sequência injuntiva que se atualiza de verbos no futuro simples ("fizer") e futuro perifrástico ("vai ter"). A possibilidade de uma sequência injuntiva ocorrer também com verbo no futuro é apontada por Köchee, Marinello e Boff (2009).

No que se refere à microconstrução *escuta aqui*, em seu trabalho, Teixeira e Oliveira (2012) mencionam um uso com função discursiva de repreensão ou convocar a atenção do interlocutor. De acordo com as autoras, o "[...] sentido de escutar como 'prestar atenção para ouvir', aliado ao de *aqui*, que indica proximidade e pontualidade, permite uma leitura mais intimista, com grau maior de austeridade". (Teixeira; Oliveira, 2012, p. 27). O recrutamento do locativo *aqui* "[...] sugere a capacidade de o falante redirecionar seu interlocutor, uma vez que traz para si a responsabilidade de indicar o comportamento a ser seguido [...]" (Teixeira; Oliveira, 2012, p. 27). É o que podemos verificar no construto (6).

Observamos, com base na situação sociocomunicativa ilustrada em (6), o emprego da microconstrução *escuta aqui* com a intenção de chamada da atenção do interlocutor, a partir de estratégias funcionais da língua, desempenhando a função de advertência mais incisiva (com a finalidade de repreender o interlocutor).

A partir dos dados empíricos do PA examinados e das quatro microconstruções — *ouça lá*, *ouça aqui*, *ouve lá* e *escuta aqui* — atestadas no *corpus*, mostramos que as construções com verbos perceptivos auditivos e pronomes locativos desempenham as funções semântico-pragmáticas de advertência mais ou menos incisiva, prefaciadora, repreensivo-opinativa e atuam na macrofunção articuladora interacional. Tais construções ocorrem apenas em posição sintática inicial, figurando nas sequências linguísticas descritivas, narrativas, argumentativas, injuntivas e conversacionais.

5 CONSIDERAÇÕES FINAIS

Neste estudo, analisamos, na variedade angolana do português, os usos do padrão construcional com verbos perceptivos auditivos e pronomes locativos com função de marcador discursivo, codificado no esquema [VpercAuditivoLoc]$_{MD}$. Examinamos esse padrão construcional a partir das seguintes microconstruções: *ouça lá, ouça aqui, ouve lá* e *escuta aqui*. Os dados empíricos analisados permitiram evidenciar que, em certos contextos sociocomunicativos, os usuários do português angolano se valem das (micro) construções supracitadas de uma maneira mais abstrata, empregando-as como MD com a função de chamada da atenção do interlocutor.

Tomando por base os níveis de esquematicidade propostos por Traugott e Trousdale (2021 [2013]), em relação à rede taxonômica do esquema construcional [VpercAuditivoLoc]$_{MD}$, propusemos a distribuição desse esquema em dois subesquemas a partir de types verbais: [OuvirLoc]$_{MD}$ e [EscutarLoc]$_{MD}$. No nível virtual mais baixo na hierarquia construcional, registramos, a partir dos construtos do PA, um total de quatro microconstruções instanciadas pelos subesquemas supracitados: *ouça aqui, ouça lá* e *ouve lá* (do subesquema [OuvirLoc]$_{MD}$) e *escuta aqui* (do subesquema [EscutarLoc]$_{MD}$). Na descrição do padrão [VpercAuditivoLoc]$_{MD}$, evidenciamos que essas quatro microconstruções ocorreram exclusivamente com a macrofunção articuladora interacional.

Como resultados da análise qualiquantitativa dos dados, constatamos que, quanto ao padrão [VpercAuditivoLoc]$_{MD}$, temos uma maior frequência *token* para a microconstrução *escuta aqui* (nove ocorrências). Salientamos que essa microconstrução foi a única que, nos dados do PA, desempenhou a função de advertência mais incisiva, direcionada ao interlocutor em contextos de agressividade e/ou xingamento e ironia, o que mostra uma tendência de os angolanos perspectivarem a experiência auditiva via metaforização no contexto de atuação discursiva mais incisiva.

Quanto à relevância desta pesquisa, ressaltamos que os resultados aqui alcançados se mostram relevantes pelo fato de ter mapeado as construções [VpercAuditivoLoc]$_{MD}$ e, mais precisamente, as quatro microconstruções instanciadas por esse padrão construcional e os seus contextos de uso em uma das variedades africanas do português (no caso, a angolana). Nossos achados podem ainda representar uma contribuição significativa para os estudos dos MD com verbos perceptivos auditivos e pronomes locativos realizados sob o prisma da LFCU e da abordagem construcional. Nesse caso, podem servir como base para outros trabalhos com enfoque contrastivo entre o PA e uma outra variedade do português.

REFERÊNCIAS

BARLOW, M; KEMMER, Se. Introduction: a usage-based conception of language. *In*: BARLOW, Michael; KEMMER, Suzanne (ed.). *Usage based models of language*. Stanford: CSLI Publications, 2000.

BYBEE, J. L. Cognitive process in grammaticalization. *In*: TOMASELLO, M. *The new psychology of language:* cognitive and functional approaches to language structure. v. 2. New Jersey: Lawrence Erlbaum, 2003.

BYBEE, J. L. *Língua, uso e cognição*. Tradução Maria Angélica Furtado da Cunha; revisão técnica Sebastião Carlos Leite Gonçalves. São Paulo: Cortez, 2016 [2010].

CARNEIRO, A. R. C. *Construções com verbos perceptivos e pronomes locativos como marcadores discursivos no português angolano*: um enfoque centrado no uso. Orientadora: Cristina dos Santos Carvalho. 2024. 154 f. Dissertação (Mestrado Acadêmico) – Departamento de Ciências Humanas, Programa de Pós-Graduação em Estudo de Linguagens (PPGEL), Universidade do Estado da Bahia, Salvador, 2024.

CROFT, W. *Radical construction grammar*: syntactic theory in typological perspective. Oxford: Oxford University Press, 2001.

DAVIES, M; FERREIRA, M. *Corpus do Português*. [S. l.], 2006. Disponível em: http://www.corpusdoportugues.org. Acesso em: 23 abr. 2023.

FURTADO DA CUNHA, M. A.; BISPO, E. B. Pressupostos teórico-metodológicos e categorias analíticas da linguística funcional centrada no uso. *Revista do GELNE*, [s. l.], v. 15, n. 1/2, p. 53-78, 2013.

FURTADO DA CUNHA, M. A.; SILVA, J. R.; BISPO, E. B. O pareamento forma-função nas construções: questões teóricas e operacionais. *Revista LinguíStica*, Rio de Janeiro, volume especial, p. 55-67, dez. 2016.

FURTADO DA CUNHA, M. A.; LACERDA, P. F. A. C. Gramática de construções: princípios básicos e contribuições. *In*: OLIVEIRA, M. R.; CEZARIO, M. M. C. (org.). *Funcionalismo linguístico*: diálogos e vertentes. Niterói: Eduff, 2017.

GOLDBERG, A. E. Constructions: a new theoretical approach to language. *Trends in Cognitive Sciences*, Cambridge, v. 7, p. 219-224, 2003.

KÖCHE, V. S.; MARINELLO, A. F.; BOFF, O. M. B. Os gêneros textuais e a tipologia injuntiva. *Caderno Seminal*, [s. l.], v. 11 n. 11, p. 5-24, jan./jun. 2009.

LACERDA, P. F. A. O papel do método misto na análise de processos de mudanças em uma abordagem construcional: reflexões e propostas. *Revista Linguística*, Rio de Janeiro, volume especial, p. 83-101, dez. 2016.

ROSÁRIO, I. C.; LOPES, M. G. Construcionalização gramatical em perspectiva sincrônica. *In*: SEMINÁRIO NACIONAL E IX SEMINÁRIO INTERNACIONAL DO GRUPO DE ESTUDOS DISCURSO & GRAMÁTICA, 22., 2017, Niterói. *Anais* [...]. Niterói: [s. n.], 2017.

ROST, C. A. *Olha e veja*: multifuncionalidade e variação. 2002. Dissertação (Mestrado em Linguística) – Universidade Federal de Santa Catarina, Florianópolis, 2002.

ROST-SNICHELOTTO, C. A. *Olha e veja*: caminhos que se entrecruzam. 2009. Tese (Doutorado em Linguística) – Universidade Federal de Santa Catarina, Florianópolis, 2009.

ROST-SNICHELOTTO, C. A.; GÖRSKI, E. M. (Inter)subjetivização de marcadores discursivos de base verbal: instâncias de gramaticalização. *ALFA: Revista de Linguística*, São Paulo, v. 55, n. 2, p. 423-455, 2011.

SAMBRANA, V. R. M. *Construcionalização de marcadores discursivos formados por olhar e ver no português*. 2021. Tese (Doutorado em Estudos de Linguagem) – Universidade Federal Fluminense, Niterói, 2021.

TEIXEIRA, A. C. M. *A construção verbal marcadora discursiva VLocmd*: uma análise centrada no uso. 2015. Tese (Doutorado em Estudos de Linguagem) – Universidade Federal Fluminense, Niterói, 2015.

TEIXEIRA, A. C. M.; OLIVEIRA, M. R. Por uma tipologia funcional dos marcadores discursivos com base no esquema construcional Verbo Locativo. *Veredas on-line – Atemática*, v. 16, n. 2, p. 19-35, 2012.

TRAUGOTT, E. C.; TROUSDALE, G. [2013]. *Construcionalização e mudanças construcionais*. Tradução Taísa Peres de Oliveira e Maria Angélica Furtado da Cunha. Rio de Janeiro: Vozes, 2021.

"AVENIDA X AVINIDA": UM ESTUDO SOBRE O FENÔMENO VARIÁVEL DA HARMONIA VOCÁLICA DE /E/ NA FALA POPULAR DE SANTO ANTÔNIO DE JESUS – BAHIA

Amanda Galiza Correia
Aline Silva Gomes

1 INTRODUÇÃO

A Harmonia Vocálica (HV) pode ser definida como uma regra variável em que as vogais médias /e, o/ realizam-se como [i, u] por influência da articulação alta de uma vogal seguinte, como em coruja ~ c[u]ruja, menino ~ m[i]nino (Bisol, 1981, p. 29). A regra da HV pode ser caracterizada como processo assimilatório que, em português, tem aplicação variável e pode ser desencadeado pela vogal alta da sílaba adjacente capaz de atingir uma, algumas ou todas as vogais médias pretônicas do contexto como em *bebida ~ bibida e peregrino ~ pirigrino,* respectivamente.

Os processos de elevação das vogais médias em pauta pretônica são observados desde os primeiros registros escritos oriundos do continente europeu, contudo, o que ainda caracteriza e diferencia o português brasileiro (PB) é o fato de o alçamento vocálico variável da pretônica ocorrer diferentemente do português europeu (PE). No PB, a variação das vogais médias pretônicas tem sido um dos aspectos diferenciadores de dialeto. Quanto a isso, Bisol (2013) evidencia o processo fonológico diante de duas variedades, a norte-nordeste, em que os falantes privilegiariam o uso da vogal média em direção média-alta (como em t[ɛ]cido ~ tecido), ou quando a vogal [e] afetada pelo fenômeno passaria a vogal alta [i] (como em t[ɛ]cido, ~ t[e]cido ~ t[i]cido, e a sul-sudeste, em que a autora indica que os falantes tendem a privilegiar o uso da vogal média fechada na posição pretônica.

Neste artigo, apresenta-se parte dos achados da pesquisa de mestrado de Correia, 2023[9], na qual se estuda o fenômeno variável da HV na

---

[9] Este texto apresenta parte dos resultados da dissertação de mestrado intitulada "A harmonia vocálica de /e/: uma análise sociolinguística na comunidade de Santo Antônio de Jesus", de Amanda Galiza Correia,

vogal média /e/, no português do interior da Bahia, na cidade de Santo Antônio de Jesus[10]. Ainda, propõe-se analisar aspectos que ainda estão sendo retomados a fim de obter um panorama mais completo e real em relação ao uso das vogais pretônicas nas diversas regiões do Brasil.

No que se refere aos aspectos teórico-metodológicos, este estudo se desenvolve com base nos pressupostos da Sociolinguística Variacionista (Labov, 2008; Weinreich; Labov; Herzog, 2006 [1968]). Ademais, adota-se como aporte a Teoria Autossegmental proposta por Wetzels (1992) e a Geometria de Traços, de Clements e Hume (1995).

O *corpus* analisado neste trabalho consiste em amostras de fala pertencentes ao banco de dados do *Projeto Vertentes do Português Popular do Estado da Bahia*; tem-se como foco a comunidade de Santo Antônio de Jesus. Para a análise, consideraram-se 24 entrevistas, subdivias de acordo com as seguintes variáveis: sexo, idade, escolaridade e estada fora da comunidade.

Este texto está estruturado da seguinte forma: nesta Seção 1, *Introdução*, expõe-se o tema proposto; na Seção 2, *O fenômeno da harmonia vocálica*, conceitua-se o objeto de pesquisa bem como citam-se diferentes estudos relacionados ao fenômeno em questão; na Seção 3, *Decisões metodológicas*, apresenta-se a amostra de dados analisada, bem como a variável dependente e as variáveis independentes consideradas neste estudo; na Seção 4, *Resultados*, apresentamos a análise e a discussão dos achados obtidos no programa estatístico Goldvarb X. Nas *Considerações finais*, ressaltamos a necessidade de estudos mais aguçados sobre o que ocorre com essa variedade do português popular do estado da Bahia.

2 O FENÔMENO DA HARMONIA VOCÁLICA

A HV — foco deste estudo — consiste-se em um fenômeno fonético-fonológico de assimilação regressiva, em que as vogais médias /e/ e /o/ realizam-se variavelmente como [i] e [u], respectivamente, na presença da articulação alta de uma vogal seguinte, por exemplo, av[e]nida ~ av[i]nida, p[o]lítica ~ p[u]lítica (Bisol, 1981, p. 29).

---

defendida em 2023 no PPGEL/UNEB.

[10] O município de Santo Antônio de Jesus está localizado a 187 km de Salvador e é considerado uma das localidades mais importantes do Recôncavo Baiano. A história do município foi marcada por disputas políticas, conduzindo à existência de centros abolicionistas, republicanos, conservadores e liberais. Atualmente, a economia da cidade ainda é baseada na agricultura, na pecuária e na mineração. Além disso, ainda se dá grande destaque para o comércio local e o setor de serviços.

Segundo Battisti e Vieira (2005), as vogais que mais sofrem a influência de processos fonológicos são as vogais médias. Dentre eles, é valido destacar o caso da harmonia vocálica, no qual as vogais, quando ocupam essa posição, podem variar de acordo com diversos fatores inerentes à língua ou externos. Ressalta-se que, por se tratar de uma regra de aplicação variável, isto é, não categórica, ambas as formas concorrem. Logo, o fenômeno ocorre em uma determinada língua quando há a exigência para que as vogais, frequentemente dentro do domínio da "palavra", concordem em uma propriedade fonética e/ou fonológica, como a posição da língua.

Van der Hulst e Van der Weijer (1995) consideram a relação da HV entre dois segmentos e ainda definem os processos em quatro categorias: Harmonia de *advanced tongue root* (ATR) e *retracted tongue root* (RTR), harmonia de altura e harmonia baixa. Nas situações em que há a ocorrência da HV no PB, um dos efeitos é o espraiamento do traço de altura para as demais sílabas da palavra. Dessa forma, de acordo com a divisão proposta por Van der Hulst e Van de Weijer (1995), o objeto de estudo em questão consiste na harmonia vocálica de altura, como nos exemplos em: av[e]nida ~ av[i]nida; m[e]nino ~ m[i]nino.

Ainda no que diz respeito à harmonia vocálica as vogais no PB, além da HV com as vogais altas, as vogais médias /e/ e /o/ em sílabas pretônicas podem sofrer outro processo, como o caso de elevação sem motivação aparente, ou seja, que não tenha sido desencadeada por vogal alta seguinte, e que, por diversas vezes, são considerados casos de harmonia vocálica por diversos autores. Como exemplos, têm-se: b[o]neca~b[u]neca, p[e]queno~p[i]queno, p[o]rque~p[u]rque (Fernandes, 2016). Contudo, em seu estudo, Bisol (1981) observou o uso de menor frequência de alçamento das vogais médias pretônicas em contextos em que não são favorecidos pela presença de vogal alta.

Destaca-se que, nesta pesquisa, se trata apenas de HV de altura como processo variável. Dessa forma, os dados são examinados somente nos casos em que a regra em questão pode ser desencadeada, isto é, nos contextos com vogal média /e/ em sílabas pretônicas seguidas de sílabas com vogais altas, como em [se'guɾʊ] ~ [si'guɾʊ].

Os primeiros registros HV das pretônicas na língua portuguesa podem ser observados no início dos séculos IX e XI, em escritos entre o latim-português, em que a língua portuguesa aparece mesclada com palavras latinas como uma herança do latim vulgar. Bisol (1981), em seu estudo, ressalta essas questões ao relacionar o fenômeno a resquícios do português antigo, destacando que o PB herdou do português antigo a vulnerabilidade no comportamento das vogais pretônicas. Além disso, a autora aponta que essa herança partiu de diferentes perspectivas daquelas pretônicas em Portugal, conforme se pode ler na seguinte citação: "A instabilidade da vogal pretônica que caracterizou o velho português deixou vestígios no PB, cujos falantes substituem variavelmente /e/, /o/ pelas respectivas vogais /i/, /u/, sob o efeito de certos condicionadores" (Bisol, 1981, p. 29).

A partir desse período de mudanças na língua portuguesa e de distinção entre o PE e o PB, o processo de HV no PB passa a ter maior notoriedade, enquanto o PE permanece sem a presença do processo, apesar de ambos serem variedades da mesma língua. Por esse motivo, a HV em pauta pretônica pode ser considerada como característica do PB, comparado ao PE contemporâneo, como expressa Soares Barbosa (1822 apud Bisol, 2015, p. 199): "[...] os brasileiros mudam o e pequeno, breve em i, dizendo filiz, binigno, midêo, tidêo si firio,lhi dêo". Segundo Bisol (1981, p. 111-112), no PB, a HV de altura "[...] não faz saltos, pois envolve articulações sucessivas". Além disso, destaca que, no processo de HV, a vogal-gatilho "[...] empresta variavelmente sua articulação alta à vogal média da sílaba imediatamente precedente, abrangendo, por vezes, outras vogais da palavra à medida que se vão criando contextos apropriados".

No PB, a harmonia vocálica foi objeto de estudo de alguns trabalhos, tais como: Bisol (1981), Schwindt (1995; 2002), Casagrande (2004), Silva (2012) e Fernandes (2014). Os resultados desses estudos revelaram que a harmonia vocálica se refere a um fenômeno de assimilação, influenciado tanto por fatores linguísticos quanto por fatores extralinguísticos, como será visto daqui em diante.

Apresentamos, no Quadro 1, alguns trabalhos que serviram de base para esta pesquisa e que já verificaram o comportamento da variável em questão em outras variedades do português do Brasil.

Quadro 1 – Estudos sobre o fenômeno da HV

ESTUDO	BANCO DE DADOS ANALISADO	FATORES FAVORECEDORES
Bisol (1981)	Projeto Variação Linguística do Sul (Varsul)	- Nasalidade - Contexto fonológico - Atonicidade - Sufixação - Tonicidade - Contiguidade
Schwindt (1995)	Projeto Varsul	- Nasalidade - Contexto fonológico - Atonicidade - Sufixação - Tonicidade - Contiguidade
Casagrande (2004)	Projeto NURC Projeto Varsul	- Contiguidade - Tonicidade - Contexto fonológico seguinte - Atonicidade - Nasalidade do alvo - Relações paradigmáticas
Silva (2012)	Projeto Varsul	- Homorganicidade - Nasalidade - Tonicidade - Contiguidade - Atonicidade - Contexto fonológico precedente e seguinte - Localização morfológica

ESTUDO	BANCO DE DADOS ANALISADO	FATORES FAVORECEDORES
Fernandes (2014)	Projeto Varsul	- Contexto fonológico precedente e seguinte - Contiguidade - Tipo de sílaba - Atonicidade - Classe gramatical

Fonte: elaborado pelas autoras.

O levantamento desses estudos sincrônicos sobre o comportamento do fenômeno variável da HV foi de suma importância para pensarmos sobre a metodologia deste trabalho, a qual será detalhada a seguir.

3 DECISÕES METODOLÓGICAS

O *corpus* utilizado nesta pesquisa consiste em amostras de fala pertencentes ao banco de dados do Projeto Vertentes do Português Popular do Estado da Bahia, e faz parte do acervo de Fala Vernácula do Português do Interior, que, por sua vez, integra o *corpus* do Projeto Vertentes[11]. A comunidade estudada para este estudo foi o município de Santo Antônio de Jesus, que foi escolhida por se tratar de uma localidade próxima da capital do estado, fator este que pode demonstrar (ou não) como a urbanização pode conduzir a um nivelamento linguístico. Além disso, supõe-se que o processo histórico de desbravamento e a colonização podem ter influenciado na fala popular da comunidade, além de reafirmar as hipóteses de contato linguístico.

Consideraram-se nesta análise 24 entrevistas, 12 com moradores da zona sede e 12 da zona rural, em que fizemos uma coleta dos dados considerando os contextos propícios ao fenômeno de HV para a vogal /e/ em pauta pretônica. Após a audição das entrevistas, realizou-se a exclusão de dados inaudíveis ou que continham ruídos que dificultavam a percepção do processo nas entrevistas, chegando a um total de 1.446 ocorrências analisadas.

Para a análise do *corpus*, realizou-se uma coleta dos dados considerando os ambientes propícios ao processo de elevação da vogal média

---

[11] Mais informações sobre o Projeto Vertentes, acesse: www.vertentes.ufba.br.

/e/ em contexto pretônico e pós-tônico. Outro fator considerado nesta pesquisa foi a exclusão de alguns vocábulos, em determinados contextos, por favorecerem a regra de forma quase categórica. Conforme a lista de Fernandes (2016, p. 779), baseada em outros autores (Bisol, 1981; Schwindt, 1995), desconsideraram-se na coleta e análise situações como: prefixos /eN/, /eS/ e /deS/ (como embutir, explicar e descobriu); vogais em ditongo (como prefeitura); vocábulos compostos (porco-espinho, verde-escuro).

A variável dependente considerada foi a aplicação da HV: (b[e]bida - b[ɛ]bida ~ b[i]bida) e a não aplicação da HV, ou seja, se ocorreu ou não a elevação da vogal média /e/ por correspondência da presença da vogal alta em sílaba próxima.

Os informantes considerados nesta análise estão distribuídos de acordo com o que propõe o banco de dados do Projeto Vertentes do Português Popular do Estado da Bahia. Dessa forma, as variáveis extralinguísticas são: gênero/sexo (feminino e masculino); idade (faixa I: de 20 a 40 anos, faixa II: de 41 a 60 anos e faixa III: mais de 60 anos), escolaridade (analfabeto semianalfabeto), zonas (sede ou rural) e estada fora da comunidade (se o informante viveu pelo menos seis meses fora da comunidade e o informante viveu sempre na comunidade).

Em relação às variáveis linguísticas, vale ressaltar que elas foram consideradas com base nas análises já realizadas sobre o fenômeno como Bisol (1981), Schwindt (2002 [1995]), Fernandes (2016), Casagrande (2004). Dessa forma, os seguintes grupos de fatores linguísticos foram controlados na análise: contiguidade, nasalidade, homorganicidade, contexto fonológico precedente e seguinte da vogal, atonicidade, tonicidade, localização morfológica, tipo de sílaba e classe gramatical.

Com a variável contiguidade, pode-se observar o papel da vogal alta presente em sílabas que podem estar em posição contígua, ou seja, em sílaba adjacente à vogal alvo. Essa variável contém os seguintes fatores: a) posição contígua (av[i]nida); b) posição não contígua (marc[i]naria).

Verificou-se também a homorganicidade das vogais: quanto ao critério de homorganicidade das vogais, salienta-se que este se baseia na posição de recuo ou de avanço da língua, o que leva as vogais a compartilharem o mesmo traço de articulação. Esse grupo de fatores nos permitiu verificar se este compartilhamento de traço favorecia ou não o processo em questão. Dessa forma, para este grupo de fator, considerou-se: a) vogais homorgânicas (p[e]rdi); b) vogais não homorgânicas (s[e]gunda).

Verificou-se, ainda, se a nasalidade da vogal candidata à regra influencia na regra. Para esta variável, analisou-se esse fator considerando as seguintes categorias: a) vogal oral (p[e]dia); b) nasalizada (nasal fonológica) (s[e]ntido), c) nasal na sílaba seguinte (nasal fonética), (s[e]gundo).

As consoantes desempenham papel importante no que diz respeito à influência sobre as vogais que estão próximas quando precedem ou sucedem à vogal alvo. Neste estudo, consideram-se as vogais em contexto fonológico precedente ao alvo, de acordo com o ponto de articulação, levando em conta em seis grupos: labial (perdia); alveolar (dentista); alveolar sibilante (sentir); palatal (conferia); velar (queria); pausa (#equilíbrio).

Quanto às vogais em contexto fonológico seguinte ao alvo, de acordo com o ponto de articulação, consideram-se cinco grupos. São eles: labial (sobrevive); alveolar (benedito); alveolar sibilante (registro); palatal (acredita) velar (alegria); glotal (perdia).

Observou-se, também, a atonicidade da vogal candidata à regra considerando diretamente a vogal propensa ao alteamento, a qual pode manter seu caráter de atonicidade durante o processo de derivação, assim como pode perdê-lo. Neste trabalho, levaram-se em conta três tipos: a) átona permanente (tecido); b) *átona casual* (medicina – médico); c) átona sem status definido (ferir – feres – firo).

Com o intuito de verificar o papel da tonicidade da vogal gatilho, neste trabalho, com base em Silva (2012), observaram-se os seguintes fatores em: a) tônica (preguiça); átona (mentalidade). Analisou-se, também, a localização morfológica em que a vogal alta do gatilho está presente. Desse modo, esperava-se analisar o contexto presente na estrutura ou na formação das palavras. Para isso, os seguintes contextos fônicos foram observados: a) na raiz (pesquisa); b) no sufixo verbal (sentia); c) no sufixo nominal (freguesia)

As sílabas são unidades fonológicas constituídas por uma margem esquerda ou ataque silábico; um núcleo vocálico; e uma margem direita ou coda. Neste estudo, averiguou-se a posição da vogal-alvo (no caso o /e/) dentro da sílaba, considerando três categorias se sílabas: a) sem coda (alegria); b) com coda (vestido); c) com coda complexa, ou seja, que possuem mais de uma consoante em posição de coda (perspectiva).

Examinaram-se, ainda, os grupos em que as palavras se organizam, tendo como referência as suas classes gramaticais. Para isso, observou-se a vogal-alvo presente nas seguintes categorias: a) substantivo (pepino); b) adjetivo (agressivo; c) verbos (pediu).

Os dados considerados nesta pesquisa passaram pela análise estatística do programa Goldvarb X. O programa nos forneceu a frequência de ocorrência das variantes em relação aos grupos de fatores por nós considerados, indicou os contextos favorecedores à ocorrência de determinada variante e apresentaram os pesos relativos, tais informações serão apresentadas na próxima seção.

4 RESULTADOS

Objetiva-se nesta seção verificar como se encontra o quadro de variação do fenômeno da HV na cidade de Santo Antônio de Jesus (BA). Os resultados apresentados foram obtidos em uma rodada realizada no programa mencionado, sendo uma rodada para a zona sede e uma para a zona rural[12]. De modo geral, no que dizem respeito à zona rural, as porcentagens apontaram taxa de aplicação da HV de 66.3% e de não aplicação de 33.7%, conforme indicado no gráfico a seguir:

Gráfico 1 – Resultado geral de aplicação da harmonia vocálica (Zona Rural)

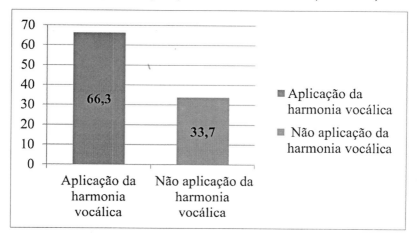

Fonte: elaborado pelas autoras.

---

[12] A análise para a zona sede e zona rural foi realizada separadamente, devido ao programa gerar knocaut ao examinar o grupo de fator zona.

No que se tange à zona sede, os resultados revelam taxa de aplicação da HV de 72.7% e de não aplicação de 27.3%%, como se pode observar no gráfico a seguir:

Gráfico 2 – Resultado geral de aplicação da harmonia vocálica (Zona Sede)

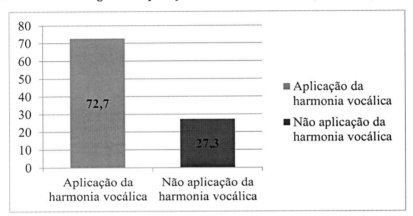

Fonte: elaborado pelas autoras.

Desse modo, os resultados observados nesta pesquisa sugerem que a utilização da vogal alta /i/ em lugar da vogal /e/ na posição pretônica tem a preferência dos informantes da comunidade de Santo Antônio de Jesus. Esse resultado está em consonância com o estudo de Bisol (2013); de acordo com a autora, nas comunidades da região Nordeste decorreria casos de harmonia total, ou seja, a elevação de média pretônica [e] em direção à vogal alta [i] seria possível de ocorrência nessas comunidades.

Ainda, apresentam-se as variáveis selecionadas pelo programa GoldvarbX para as zonas sede e rural.

Quadro 2 – Variáveis selecionadas pelo programa GoldvarbX

Zona sede	Zona rural
Nasalidade	Nasalidade
Contexto fonológico precedente (do alvo)	Classe gramatical
Classe gramatical	Contexto fonológico precedente (do alvo)

Zona sede	Zona rural
Contexto fonológico seguinte (do alvo)	Contexto fonológico seguinte (do alvo)
Tipo de sílaba	Tipo de sílaba
Contiguidade	Contiguidade
Atonicidade da vogal (alvo)	Localização morfológica (do gatilho-V alta)
	Atonicidade da vogal (alvo)

Fonte: elaborados pelas autoras.

Observou-se que, em linhas gerais, as variáveis — em sua maioria — foram as mesmas selecionadas na rodada pelo programa para ambas as localidades, exceto o fator localização morfológica, que foi escolhido apenas nos dados da zona rural.

Ressalta-se que, neste trabalho, apresenta-se um recorte dos resultados obtidos para cada zona, enfatizando, aqui, as variáveis que indicaram maior aplicação ou contraste ao esperado. Os achados da análise quantitativa foram favorecidos por alguns contextos linguísticos e extralinguísticos, como mostra o quadro a seguir:

Quadro 3 – Resultado geral da HV na comunidade de Santo Antônio de Jesus – Zona Sede

Aplicação 72.7%	Não aplicação de 27.3%
Variáveis linguísticas que favoreceram a aplicação da HV	
Nasalidade	Oral (servi)
Contexto fonológico precedente (do alvo)	Pausa (exige)
Classe Gramatical	Verbo 3ª Conjug. (existe)
Contexto fonológico seguinte (do alvo)	Labial (preferia)
Tipo de sílaba	Sem coda (pedi)
Contiguidade	Não contíguo (devagarzinho)
Atonicidade da vogal (alvo)	Átona sem status definido (ter > terei>tive)

Fonte: elaborado pelas autoras.

Quadro 4 – Resultado geral da HV na comunidade de Santo Antônio de Jesus – Zona Rural

Aplicação 66.3%	Não aplicação de 33.7%
Variáveis linguísticas que favoreceram a aplicação da HV	
Nasalidade	Nasal na sílaba seguinte (nasal fonética) (nenhum)
Classe Gramatical	Verbo 3ª Conjug. (existe)
Contexto fonológico precedente (do alvo)	Verbo 3ª Conjug. (existe)
Contexto fonológico seguinte (do alvo)	Pausa (enxuga)
Tipo de sílaba	Sem coda (devido)
Contiguidade	Contíguo (bebida)
Localização morfológica (do gatilho-V alta)	No sufixo –inho (devargarzinho)
Atonicidade da vogal (alvo)	Átona casual ferro> ferradura)

Fonte: elaborado pelas autoras.

No que diz respeito ao papel desempenhado pelos fatores, observou-se que, entre os contextos linguísticos que mais favoreceram a HV, estão: contiguidade (vogais contíguas); nasalidade (oral e nasal na sílaba seguinte); e tipo de sílaba (em sílabas sem coda), que indicaram aplicação da regra em ambas as localidades, zona sede e zona rural. Sobre os grupos de fatores que demonstraram não favorecer a análise, podem-se destacar aqueles não selecionados pelo programa como o caso da tonicidade.

Sobre a nasalidade, considerava-se que os contextos de nasais na sílaba seguinte apresentariam mais predisposição à regra, contudo, a zona sede do município mostrou-se contrária ao esperado, uma vez que os contextos de vogais orais sobressaíram no que se refere à análise do peso relativo. Em direção ao esperado, os dados observados para a zona rural reforçaram essa hipótese, visto que os contextos nasais na sílaba seguinte apontaram favorecer a regra da HV.

Alguns desses contextos diferenciaram-se do observado em outras amostras do PB, como o contexto fonológico precedente — do alvo, no caso de consoante precedida de pausa e o contexto fonológico seguinte — do alvo, no que diz respeito às consoantes labiais. Ainda sobre o desempenho dos contextos, cabe ressaltar que os fatores de ordem extralinguística, ou seja, de cunho social, não foram selecionados pelo programa. Por esse motivo, não se pode discutir sobre o papel desse fator. Além do mais, notou-se que alguns resultados se diferem entre zona sede e zona rural do município, como o caso da nasalidade, contiguidade e atonicidade da vogal-alvo. Isso instiga a dizer que, apesar de as zonas fazerem parte do mesmo município, as variáveis linguísticas indicam que há assimetria nos achados, se comparadas às localidades. Dessa forma, acredita-se que estes resultados podem estar relacionados a fatores mais específicos das comunidades, e essa averiguação pode ser realizada em pesquisas posteriores.

5 CONSIDERAÇÕES FINAIS

No presente trabalho, buscou-se verificar e analisar como se encontra o quadro de variação do fenômeno da HV da pretônica /e/ no português do interior da Bahia, em especial, na cidade de Santo Antônio de Jesus. Para desenvolvê-lo, acessou-se o banco de dados do Projeto Vertentes do Português Popular do Estado da Bahia.

Como resultado, notou-se que, de acordo com os achados para a regra de HV na comunidade de Santo Antônio de Jesus, o fenômeno variável foi bastante realizado e indicou taxa de aplicação de 66.3% para a zona sede e de 72.7% para a zona rural.

A partir da análise realizada, se pode verificar que a aplicação da regra variável parece estar condicionada por fatores linguísticos, visto que os fatores extralinguísticos não foram selecionados na análise. Sumariando os resultados indicados pela análise estatística no programa Goldvarb X, obteve-se para a zona sede as variáveis: nasalidade, contexto fonológico precedente (do alvo), classe gramatical, contexto fonológico seguinte (do alvo), tipo de sílaba, contiguidade e atonicidade da vogal (alvo), enquanto para a zona rural as mesmas variáveis foram selecionadas, diferindo-se apenas na seleção do fator localização morfológica (do gatilho — V alta) como relevante à aplicação da regra.

Acredita-se que esta pesquisa demonstrou uma taxa considerável de realização do fenômeno da HV, o que, de certo modo, permite trazer em questão a regra como característica dos falantes da localidade investigada, principalmente no que tange à região Nordeste do Brasil. Contudo, para traçar um panorama mais específico do que ocorre com essa variedade do português popular do estado da Bahia, seria necessário um estudo mais aguçado envolvendo outras comunidades do mesmo banco de dados ou de outros. Algumas respostas ainda precisam ser dadas com relação aos resultados obtidos neste estudo, que contemplou apenas a descrição desses dados.

REFERÊNCIAS

BATTISTI, E.; VIEIRA, M. J. B. O sistema vocálico do português. *In:* BISOL, L. (org.). *Introdução a estudos de fonologia do português brasileiro*. 4. ed. rev. ampl. Porto Alegre: EDIPUCRS, 2005. p. 171-206.

BISOL, L. *Harmonização vocálica*: uma regra variável. 1981. Tese (Doutorado em Linguística) – Universidade Federal do Rio de Janeiro, Rio de Janeiro, 1981.

BISOL, L. Harmonização vocálica: efeito parcial e total. *Organon*, Porto Alegre, v. 28, n. 54, p. 49-61, jan./jun. 2013.

BISOL, L. A harmonização vocálica como indício de uma mudança histórica. *Delta*, v. 31, n. 1, p. 185-205, 2015.

CASAGRANDE, G. P. B. *Harmonização vocálica*: análise variacionista em tempo real. 2004. Dissertação (Mestrado em Letras) – PUCRS, Porto Alegre, 2004.

CLEMENTS, G. N.; HUME, E. The internal organization of speech sounds. *In:* GOLDSMITH, J. (ed.). *Handbook of Phonology*. London: Blackwell, 1995.

CORREIA, A. G. *A harmonia vocálica de /e/*: uma análise sociolinguística na comunidade de Santo Antônio de Jesus. 2023. 81 f. Dissertação (Mestrado em Linguagens) – Departamento de Ciências Humanas I, Universidade do Estado da Bahia, Salvador, 2023.

FERNANDES, D. *Harmonia vocálica em jovens escolarizados de Porto Alegre*: uma análise variacionista. 2014. Dissertação (Mestrado em Letras) – Pontifícia Universidade Católica do Rio Grande do Sul, Porto Alegre, 2014.

FERNANDES, D. Uma análise variacionista da harmonia vocálica do português brasileiro no dialeto de jovens de Porto Alegre. *Domínios de Lingu@gem*, Uberlândia, v. 10, n. 3, p. 771-795, jul./set. 2016.

LABOV, W. [1972]. *Sociolinguistic Patterns*. Philadelphia: University of Pennsylvania Press. [Padrões Sociolinguísticos]. Tradução de Marcos Bagno; Marta Scherre e Caroline

Cardoso. São Paulo: Parábola, 2008.

PROJETO VERTENTES DO PORTUGUÊS POPULAR DO ESTADO DA BAHIA. Salvador, [201-]. Disponível em: http://www.vertentes.ufba.br/. Acesso em: 15 maio 2024.

SCHWINDT, L. C. da S. A harmonia vocálica nos dialetos do Sul do país: uma análise variacionista. 1995. 76 f. Dissertação (Mestrado em Letras) – Pontifícia Universidade Católica do Rio Grande do Sul, Porto Alegre, 1995.

SCHWINDT, L. C. da S. A regra variável de harmonização vocálica no RS. *In*: BISOL, L.; BRESCANCINI, C. (org.). *Fonologia e variação*: recortes do português brasileiro. Porto Alegre: EDIPUCRS, 2002. p. 161-182.

SILVA, M. E da. *O alçamento das vogais médias pretônicas na fala de São José do Norte/RS*: harmonia vocálica. 2012. Dissertação (Mestrado em Teoria e Análise Linguística) – Universidade Federal do Rio Grande do Sul, Porto Alegre, 2012.

VAN DER HULST, H.; VAN DE WEIJER, J. Vowel Harmony. *In*: GOLDSMITH, John (org.). *The Handbook of Phonological Theory*. London: Blackwell, 1995.

WEINREICH, U.; LABOV, W.; HERZOG, M. *Fundamentos empíricos para uma teoria da mudança linguística*. Tradução de Marcos Bagno; revisão técnica: Carlos Alberto Faraco. São Paulo: Parábola, 2006.

WETZELS, L. Midvowel neutralization in Brazilian Portuguese. *Cadernos de Estudos Linguísticos*, Campinas, n. 23, p. 19-55, jul./dez. 1992.

BREVE ANÁLISE DA COPY "VOCÊ NÃO TEM MUITO TEMPO" NA PERSPECTIVA DA TRÍADE ARISTOTÉLICA

Carla Severiano de Carvalho
Helena Vieira Pabst

1 INTRODUÇÃO

Na era digital, o mercado publicitário passou por transformações importantes, delineando a sua linguagem às novas tecnologias e às mudanças no comportamento do consumidor. Com a ascensão do Marketing Digital, novas estratégias foram desenvolvidas para apreender a atenção dos consumidores, destacando-se o Marketing de Conteúdo como uma abordagem eficaz para atrair e engajar clientes. Nesse contexto, a técnica de Copywriting se destaca como um método fundamental para a criação de mensagens persuasivas e atraentes, com o objetivo de convencer o leitor a tomar uma ação específica, seja comprar um produto, assinar um serviço ou engajar-se com uma marca.

Não obstante, o estudo minucioso da técnica de Copywriting revela suas profundas raízes na retórica aristotélica, especificamente na tríade formada pelos elementos *ethos*, *pathos* e *logos*, evidenciando como esses elementos clássicos continuam a ser essenciais na construção de mensagens persuasivas e eficazes na atualidade. Essa conexão com a retórica aristotélica confirma a atemporalidade dos princípios da comunicação eficaz, que, apesar das mudanças tecnológicas e sociais, ainda são aplicados de forma fundamental na era digital. *Ethos*, *pathos* e *logos* não são apenas conceitos teóricos; eles são provas retóricas que moldam a forma como os argumentos são construídos para influenciar o comportamento e as decisões dos consumidores.

O presente estudo explora, pois, a interseção entre essas disciplinas — Retórica (Aristóteles, séc. IV a.C); Nova Retórica (Perelman; Olbrechts-Tyteca, [1959] 2014); Marketing Digital e Marketing de Conteúdo (Torres, 2010; Maccedo, 2019; Avis, 2022) —, analisando como a técnica de Copywriting, embasada nos princípios das retóricas clássica e moderna, é aplicada no Marketing Digital, precisamente na estratégia de e-mail marketing e na campanha publicitária conduzida pelo produtor de conteúdo digital Paulo Cuenca para promoção do curso (infoproduto) Reels Superpoderoso, por meio da *copy* intitulada "Você não tem muito tempo" (Cuenca, 2022). Ao investigar a aplicação do *pathos* aristotélico e outros elementos retóricos na promoção do referido infoproduto, busca-se compreender como as emoções são habilmente mobilizadas pelo seu criador para persuadir e converter o público-alvo, tornando-o mais atrativo para os potenciais compradores a partir da sua credibilidade no mercado.

2 A RETÓRICA ARISTOTÉLICA E A NOVA RETÓRICA

Embora a Retórica faça parte da vida do ser humano desde sempre, sua sistematização deve-se ao filósofo grego Aristóteles (séc. IV a.C.) com a obra *Retórica*, o mais antigo tratado desse tema no mundo e o mais importante da história até os dias atuais. Nele, o autor define Retórica como "a faculdade de observar, em qualquer caso, os meios disponíveis de persuasão" (Aristóteles, 2005, p. 95-96). Isso implica o conhecimento dela como uma arte capaz de identificar e utilizar os melhores argumentos para persuadir um público específico em qualquer situação.

A análise da Retórica na perspectiva de Aristóteles foi fundamental para entender a teoria e a prática da persuasão. O estagirita fornece uma abordagem sistemática sobre como a comunicação persuasiva pode ser estruturada e aplicada a partir da descrição de três modos principais no jogo persuasivo — *ethos*, *pathos* e *logos* —, os quais formam a base dessa arte. Em linhas gerais, *ethos* refere-se à credibilidade e ao caráter do orador; *pathos* envolve apelar às emoções do auditório; e *logos* baseia-se no uso de argumentos racionais e lógicos, permitindo que um discurso persuasivo seja efetivo ao combinar a confiança do auditório no orador, a conexão emocional e a apresentação de argumentos bem estruturados.

Ao longo do tempo, vários estudiosos debruçaram-se sobre a ciência retórica, mas foi na segunda metade do século XX, com o filósofo belga Chaim Perelman e sua colaboradora Lucie Olbrechts-Tyteca, que a retórica aristotélica é revisitada e ampliada, dando espaço à verossimilhança. Para eles, "o campo da argumentação é do verossímil do plausível, do provável, na medida em que este último escapa às certezas do cálculo" (Perelman; Olbrechts-Tyteca, 2014 [1959], p. 1).

Além disso, Perelman e Olbrechts-Tyteca (2014 [1959], p. 22) ressaltam a noção de que possuir um entendimento prévio sobre o auditório é um elemento fundamental para uma argumentação bem sucedida:

> Uma argumentação considerada persuasiva pode vir a ter um efeito revulsivo sobre um auditório para o qual as razões pró são, de fato, razões contra. O que se disser a favor de uma medida, alegando que ela é capaz de diminuir a tensão social, levantará contra tal medida todos os que desejam que ocorram distúrbios (Perelman; Olbrechts-Tyteca, 2014, p. 22).

No processo de seleção desse auditório (em razão de sua variabilidade), deve-se, sim, levar em consideração a linguagem, que precisa ser compatível entre orador e auditório, e a técnica capaz de possibilitar a comunicação entre eles:

> [...] o componente argumentativo passou a ser observado pelos estudos retóricos em diversas situações comunicativas, em diferentes gêneros do discurso e em variados tipos de texto; isto é, a argumentação mostrou-se para a Retórica um componente intrínseco à natureza da linguagem e, mais especificamente, à interação verbal (Mariano, 2005, p. 51).

Entretanto, é importante garantir uma interação entre o orador e o auditório considerando o contexto no qual se encontra o discurso. Assim, a Nova Retórica, de Perelman e Olbrechts-Tyteca, defende a ideia de que os argumentos não são impostos, mas negociados entre as partes envolvidas. A persuasão, na visão deles, é alcançada quando há um acordo razoável entre as partes, ao invés de buscar uma mudança radical nas opiniões.

Nesse sentido, a Retórica visa, para além de um assentimento racional, a uma concordância emocional. E é esse apelo no qual o Copywriting — uma técnica do Marketing de Conteúdo — aposta em favor de um discurso persuasivo diante de um auditório exigente, que é o da Era Digital.

3 O MARKETING DIGITAL E A TÉCNICA DE *COPYWRITING*

De maneira geral, o Marketing Digital é o conjunto de estratégias e técnicas de marketing que utilizam os canais digitais para promover produtos, serviços ou marcas e para se conectar com os consumidores. Ele abrange uma ampla gama de atividades e táticas, incluindo SEO

(*Search Engine Optimization*)[13], Marketing de Influência, redes sociais, e-mail marketing, publicidade *on-line* (como Google Ads e Facebook Ads), Marketing de Conteúdo, entre outras (Torres, 2010). Segundo Avis (2022, p. 63), o Marketing Digital corresponde a "[...] uma forma de as empresas se comunicarem com o seu público de forma assertiva, simples e personalizada".

Percebe-se, então, que o Marketing Digital é um termo abrangente, o qual engloba todas as estratégias de marketing realizadas *on-line*. Dentro desse conjunto de estratégias, destaca-se o Marketing de Conteúdo (ou *Content Marketing*) como uma das estratégias mais importantes e relevantes, que envolve a criação e distribuição de conteúdo valioso e relevante com o objetivo de atrair, engajar e reter o público-alvo. Conforme esclarece Assad (2016, p. 13), o Marketing de Conteúdo

> [...] age engajando o público alvo (sic) por meio da criação e divulgação de materiais relevantes que atraem, envolvem e geram valor para os usuários, que passam a ter uma percepção positiva da marca no mercado, gerando assim os resultados desejados (Assad, 2016, p. 13).

Isso significa afirmar que o público-alvo, ao ser nutrido com conteúdo relevante, tem probabilidade maior de adquirir confiança na marca. O *Copywriting* contribui com o aspecto persuasivo e motivacional necessário para impulsionar ações específicas ao público-alvo. Considerando o ambiente e um público-alvo interativo, o domínio do *Copywriting* torna-se uma habilidade essencial no mundo do Marketing Digital. Segundo Vieira (2020),

> *Copywriting* é a estratégia de produção de textos que busca convencer o leitor a realizar uma ação determinada. É uma tática constantemente aplicada por departamentos de Marketing e Vendas em suas comunicações, tanto em canais digitais como offline.

Maccedo (2019, p. 35) já o define objetivamente como

> [...] o uso das palavras certas para se comunicar com o público-alvo, no intuito de conduzi-lo a uma tomada de decisão [...] e que aplica as regras de persuasão para influenciar e conduzir alguém a ações específicas.

---

[13] SEO (otimização de mecanismos de busca, em tradução) e é o conjunto de técnicas usadas, geralmente divididas entre tecnologia, conteúdo e autoridade, para alcançar bom posicionamento de páginas de um site no Google e em outros buscadores, gerando tráfego orgânico.

Em suma, *Copywriting* é uma técnica de escrita de textos persuasivos e estratégicos com o objetivo de promover um produto, serviço, uma ideia ou marca. Esses textos, conhecidos como *copys*, são elaborados a fim de motivar o público-alvo a realizar uma ação específica, seja fazer uma compra, inscrever-se em uma lista de e-mails, baixar um e-book, seja clicar em um link.

Com base no Funil de Marketing (ou Funil de Vendas) — um modelo que descreve o processo pelo qual os consumidores passam desde o primeiro contato com uma marca até a realização da compra e, idealmente, até a fidelização —, é que o *copywriter* delineia o texto correspondente a cada estágio desse funil. Entre as técnicas essenciais do *Copywriting* estão o conhecimento do público-alvo (a qual entendemos como uma consideração prévia à escrita); a escolha de um título atrativo; o destaque dos benefícios do produto; a (possibilidade de) utilização de *Storytelling*[14]; o uso de gatilhos mentais; e a chamada para a ação (*call-to-action*).

Assim como outras técnicas, o *Copywriting* requer um planejamento cuidadoso para atingir objetivos específicos voltados à persuasão. Para isso, utiliza uma combinação de habilidades, tais como pesquisa, análise de dados e recursos linguísticos para criar um discurso que impacte e influencie o público-alvo de forma eficaz. Segundo Oliveira (2005, p. 4), "a persuasão representa um trabalho de encantamento pela linguagem".

Como o discurso deve ser adaptado às necessidades, às dores, aos desejos e ao contexto cultural do público-alvo, o *copywriter* busca incorporar também elementos psicológicos que instiguem esse público à ação, estimulando-lhe as emoções. No Marketing de Conteúdo, são chamados de gatilhos mentais (gatilhos psicológicos ou gatilhos persuasivos). Trata-se de técnicas psicológicas que influenciam o comportamento humano e podem ser utilizadas para aumentar a persuasão de um discurso. Na Era Digital, o público-alvo tem-se mostrado cada vez mais exigente:

> Despertar a atenção e a afetividade do público está cada vez mais difícil. Vivemos em um momento líquido em que as relações dos seres humanos são frágeis e estão em mobilidade. Nenhum conceito é fixo como em tempos passados e, junto a isso, há uma grande disputa pela atenção dos consumidores, os quais dão menos tempo para serem entretidos

---

[14] *Storytelling* é a arte de contar histórias para engajar e conectar o público, frequentemente utilizada em marketing para criar narrativas envolventes.

e persuadidos devido ao atual estilo de vida acelerado e a grande variedade de meios propagando novas informações (Santos *et al.*, 2018, p. 2).

Tanto no Marketing quanto na Psicologia, sobretudo, vários especialistas têm categorizado e pesquisado a eficácia dos gatilhos mentais. Robert Cialdini, Phd em psicologia social experimental, em sua obra *As armas da persuasão* (2012), categorizou seis: reciprocidade; compromisso e coerência; aprovação social; afeição; autoridade e escassez.

No Brasil, Gustavo Ferreira, em sua obra *Gatilhos mentais* (2019), ampliou-os para 30, incluindo os de Cialdini: especificidade, autoridade, prova social, escassez, urgência, garantia e reversão de risco, prova, imaginação, exploração, quebra de padrão, curiosidade, antecipação, medo, dor e prazer, compromisso e coerência, empatia, identificação, personalização, repetição, novidade, reciprocidade, rima, ritmo, exclusividade, "inimigo comum, escolha, contraste, "se... então", justificativa e simplicidade.

Percebe-se que o *Copywriting*, uma vez bem empregado – considerando as habilidades supracitadas – e em sintonia com público-alvo, tem o propósito de impulsionar o sucesso das estratégias de Marketing *on-line* do setor das vendas, contribuindo, assim, para o alcance dos objetivos propostos pela área.

A fim de compreender, em uma perspectiva retórica, como as estratégias empregadas no *Copywriting* funcionam no jogo persuasivo, procederemos à análise de uma *copy* de vendas.

4 A ANÁLISE DA *COPY*

O *corpus* de análise — intitulado "Você não tem muito tempo" — corresponde a uma das *copys* de vendas que foram encaminhadas por e-mail, referentes ao Infoproduto Reels Superpoderoso, do produtor de conteúdo Paulo Cuenca. Trata-se de curso *on-line* em que se propõe ensinar as técnicas essenciais de criação, edição e publicação de vídeos de até um minuto (o chamado *reels*), direcionado a empreendedores que desejam profissionalizar o perfil de uma empresa no Instagram.

Ao se considerar na técnica de *Copywriting* na elaboração do texto, um de seus elementos-alvo é o título. Afinal, ele corresponde ao primeiro ponto de contato entre orador e auditório; por isso, espera-se despertar a curiosidade deste, motivando-o à continuação da leitura. No contexto do Marketing de Conteúdo, a seleção do título é o que procura assegurar esse engajamento inicial. Por essa razão, um título atrativo precisa ser objetivo, claro e, ao mesmo tempo, instigante.

Considerando que a *copy* em questão faz parte do segundo estágio do Funil de Vendas, na categoria Meio de Funil, essa é a fase na qual, segundo o Marketing de Conteúdo, o cliente reconhece a existência de um problema ou de uma necessidade e está considerando o infoproduto como uma possível solução. Assim, o título "Você não tem muito tempo" instiga o auditório sobre a urgente necessidade de adquirir o produto. Percebe-se, então, um apelo mais incisivo, no qual se buscou mobilizar, no contexto da Retórica, o *pathos* do medo (temor) com a frase. De acordo com Aristóteles (2021, p. 137), o medo corresponde a "[...] uma forma de padecimento ou perturbação gerada pela representação de um mal vindouro de caráter destrutivo danoso ou penoso[...]", o que corresponde, no Marketing de Conteúdo, à iminente perda de uma chance diante da limitação do prazo de aquisição do infoproduto, despertando o gatilho mental também do medo.

Na construção retórica, o orador começa o exórdio (introdução do texto) empregando a vocativo em [1]"Olá, futura beselha real", a fim de estabelecer uma conexão amigável e confiante com o auditório, o que gera o apelo emocional da amizade, visando à aproximação entre orador e auditório. No Marketing de Conteúdo, aciona-se, assim, o gatilho mental da empatia. Tal saudação sugere uma relação próxima e aspiracional, considerando-o antecipadamente como um de seus membros:

> [1] Olá, futura beselha real!
>
> [2] Você só abriu este e-mail hoje porque sabe o que vai perder se ficar de fora do Reels Superpoderoso, não é?
>
> [3] E você sabe que vai se arrepender depois.

A utilização desse vocativo constitui uma espécie de apelido atribuído ao auditório. Trata-se de um bordão empregado pelo próprio orador, seguido do adjetivo "real", em uma espécie de associação a algo diferenciado, imprimindo um valor de superioridade ao auditório. Portanto, o uso do termo "beselha real" pode remeter a um grupo exclusivo, dando a entender que o auditório tem potencial ou valor para ser parte dele. No Marketing de conteúdo, aciona-se, assim, o gatilho mental da exclusividade.

Nos excertos [2] e [3], novamente o orador aciona o *pathos* do medo, ainda que busque — de forma aparentemente cuidadosa — justificar um possível atraso/retardo do auditório ao abrir o *e-mail* relativo à *copy*, em um tom questionador [2]; e a possibilidade de perda de um benefício irrecuperável, que é o próprio curso, sob pena de posteriormente se arrepender de não o ter adquirido [3], gerando o efeito de urgência. Ao prever um sentimento negativo, o orador busca motivar o auditório a agir para evitar um arrependimento futuro

Em várias situações, o medo é um sentimento constante no ambiente empresarial, em decorrência das oscilações do mercado econômico brasileiro. Assim, o orador, não só consciente disso, mas conhecedor de seu auditório, constrói o discurso de modo a acionar tal apelo emocional a fim de este reconheça, no infoproduto, a "solução" para seu problema. De acordo com Perelman e Olbrechts-Tyteca (2014, p. 22), o conhecimento daquele que se pretende persuadir é uma condição prévia para qualquer argumentação eficaz.

> [4] Que vai ver seus concorrentes dominando o reels e ganhando dinheiro no Instagram enquanto se pergunta: Por que não investi no meu negócio quando tive a chance?
>
> [5] Então aproveite porque a chance está passando na sua frente e ainda dá tempo de tomar uma decisão que vai mudar seu negócio.

Em [4], o lugar retórico da qualidade foi instaurado quando se demonstra o benefício do infoproduto e o efeito que ele pode gerar para o auditório: "dominando o reels e ganhando dinheiro no Instagram". Isso gera um *pathos* de confiança, pois, "ao empreendermos algo, cremos ou que nenhum mal possamos sofrer nem sofremos, ou que teremos êxito" (Aristóteles, 2021, p. 37). Curiosamente, é acionado o *pathos* do temor, em: "Por que não investi no meu negócio quando tive a chance?", na hipótese de o auditório perder a chance ofertada. No Marketing de conteúdo, o gatilho mental acionado é o medo (Ferreira, 2019).

Além de medo, o excerto [4] também apela fortemente para o arrependimento. A ideia de deparar-se com os concorrentes tendo sucesso enquanto o auditório "fica para trás" evoca nele uma sensação de urgência e perda. A frase "Por que não investi no meu negócio quando tive a chance?" intensifica o sentimento de arrependimento antecipado, um gatilho emocional poderoso na dinâmica da persuasão.

No que concerne ao orador, sua credibilidade pode ser inferida, em [5] pelo tom de urgência e autoridade do orador: ao afirmar que "a chance está passando na sua frente", ele se posiciona como alguém que conhece o momento certo para agir. Assim como em [4], o *pathos* de urgência é materializado em: "aproveite" e "a chance está passando", levando o auditório a sentir que deve agir rapidamente para não perder a oportunidade. A frase "ainda dá tempo" mobiliza o sentimento de esperança, motivando o auditório a tomar uma ação imediata.

> [6] <u>Clique aqui para entrar no Reels Superpoderoso</u> e se juntar às beselhas que vão dominar o Reels para aumentar seu alcance e suas vendas.
>
> [7] E aproveite seu cupom SPPCOLMEIA37 para garantir seu desconto de R$600 (lembrando que essa condição não vai mais se repetir).

O excerto [6] implica que o "Reels Superpoderoso" é um curso confiável e eficaz, já que menciona que os participantes ("beselhas") vão dominar a criação de reels. O uso da comunidade específica ("beselhas") novamente reforça o senso de pertencimento e credibilidade, sugerindo que outros já confiam nessa suposta comunidade e participam dela. Assim, o orador convida o auditório a se juntar a esse grupo que terá sucesso, e a ideia de aumentar o alcance e as vendas apela às ambições e aos desejos de crescimento pessoal e profissional. A promessa de sucesso é um forte apelo emocional, sendo um gatilho mental aplicado pelo Marketing de Conteúdo na elaboração de uma copy.

A busca pela persuasão é reforçada no desenvolvimento do texto quando se é disponibilizado o link, com a frase imperativa: "Clique aqui", como uma forma de estimular o auditório a aproveitar, sem hesitação, a oportunidade oferecida (estratégia de *call-to-action, no M.C.*), instaurada no *logos* por meio de uma relação de causa e efeito, assim como no excerto [11]: "Clica no botão abaixo e vem voar no Reels Superpoderoso: QUERO ENTRAR O REELS SUPERPODEROSO".

No excerto [7] — "E aproveite seu cupom SPPCOLMEIA37 para garantir seu desconto de R$600 (lembrando que essa condição não vai mais se repetir)" —, a estratégia argumentativa do lugar da quantidade é acionada diante de um possível conquista de uma vantagem financeira por meio do desconto, apelando para o desejo de se economizar dinheiro, o que pode ser um forte motivador emocional para agir imediatamente.

Perelman e Olbrechts-Tyteca (2014, p. 103) assim correlacionam os lugares do irreparável e da quantidade:

> O valor do irreparável pode, se quisermos pesquisar-lhe os fundamentos, relacionar-se com a quantidade: duração infinita do tempo que se escoará depois que o irreparável tiver sido feito ou constatado, certeza de que os efeitos, intencionais ou não, se prolongarão indefinidamente.

Além disso, a lógica de que a condição não se repetirá incentiva o auditório a agir prontamente no intuito de aproveitar a oferta, pois esperar significaria perder o benefício. Esse apelo desperta no auditório o sentimento de ansiedade, como um dos enfoques do temor (*pathos*), em virtude tanto da urgência, instaurado no lugar do irreparável em: "lembrando que essa condição não vai mais se repetir", quanto da escassez.

Ao oferecer a chance de mudar de ideia ("Como se não bastasse tudo o que vai aprender no Reels Superpoderoso, você ainda tem a chance de mudar de ideia depois" [8]), esse excerto apela ao desejo de segurança e minimiza o risco percebido pelo leitor. Isso pode aliviar a ansiedade de tomar uma decisão.

> [8] Como se não bastasse tudo o que vai aprender no Reels Superpoderoso, você ainda tem a chance de mudar de ideia depois.
>
> [9] Se em até 7 dias após sua inscrição você perceber que o curso não é pra você, com apenas um clique pode pedir seu dinheiro de volta.

Ainda que em [8] o orador reforce as vantagens de se adquirir o Reels Superpoderoso (sugere-se uma oportunidade única de aprendizado e crescimento, despertando os gatilhos mentais de interesse e curiosidade), uma relevante estratégia argumentativa é utilizada a fim de gerar o efeito de confiança, decorrente do apelo emocional relativo à amizade: o argumento de reciprocidade, seguido, indiretamente, do argumento da regra da justiça [9]. Nas palavras de Perelman; Olbrechts-Tyteca (2014, p. 250),

> Os argumentos de reciprocidade visam aplicar o mesmo tratamento a duas situações correspondentes. A identificação das situações, necessária para que seja aplicável a regra da justiça, é aqui indireta, no sentido de que requer intervenção da noção de simetria.

Consoante tal linha de raciocínio, a aquisição do infoproduto em questão é destinada ao auditório, o que o levaria a pagar por ele; todavia, o contrário é válido, no argumento apresentado, na medida que: "Se em até 7 dias após sua inscrição você perceber que o curso não é pra você, com apenas um clique pode pedir seu dinheiro de volta" [9]. Trata-se do gatilho mental da garantia (ao prometer a devolução do dinheiro com apenas um clique) e da reversão do risco, segundo Ferreira (2019). Isso não só reforça a confiabilidade no orador (também demonstrada em [9], quando este emite uma certeza de que o infoproduto é bom e eficaz), mas também gera o efeito da tranquilidade no auditório.

Ambos os excertos exploram a credibilidade do orador (ethos), mas de maneiras ligeiramente diferentes: enquanto o excerto [8] foca na transparência e confiança ao mencionar a chance de mudar de ideia, o [9] fortalece essa confiança ao detalhar a facilidade e clareza do processo de reembolso.

[10] Mas duvido que isso aconteça. Depois que você começa a voar, nunca mais quer voltar à sua vida de antes.

[11] Clica no botão abaixo e vem voar no Reels Superpoderoso:

QUERO ENTRAR NO REELS SUPERPODEROSO

[12] Nos vemos em breve!

Um abraço,

Paulo Cuenca

Em [10], o período "Depois que você começa a voar, nunca mais quer voltar à sua vida de antes" apresenta um *logos* baseado em uma suposta experiência transformadora proporcionada pelo curso "Reels Superpoderoso". A ideia de "começar a voar", por sua vez, evoca uma imagem emocionalmente poderosa de liberdade e crescimento profissional. A sugestão de que o auditório nunca mais desejará voltar à sua vida anterior cria uma sensação de urgência e o desejo de se inscrever no curso para alcançar essa nova e excitante experiência, o que aumenta a persuasão sobre o auditório.

Em [11], o *pathos* relativo ao temor é acionado, despertando a ansiedade no auditório (sendo umas das vertentes desse apelo emocional), considerado como o gatilho mental da antecipação (Ferreira, 2019), ao criar expectativa sobre a experiência transformadora que o curso proporcionará, e o gatilho da urgência, ao sugerir que o leitor clique imediatamente no botão para aproveitar a oportunidade de "voar". Esses recursos estimulam uma resposta rápida e emocional do auditório, aumentando a probabilidade de conversão, ou seja, a compra do infoproduto.

Por fim, o orador despede-se do auditório, de modo familiar, em: "Espero por você!" e "Abraço", reiterando o afeto dispendido, ao mesmo tempo, revelando sua expectativa, tendo a instauração de um *ethos* que anseia pela parceria com o auditório (gatilho mental da reciprocidade). Esse circuito é fechado com o nome orador, o que gera uma sensação de personalização do discurso.

5 CONSIDERAÇÕES FINAIS

A análise da retórica na perspectiva de Aristóteles revela uma compreensão profunda da comunicação persuasiva que permanece relevante até hoje. Seus conceitos de *ethos, pathos* e *logos* oferecem uma estrutura robusta para entender e aplicar a arte da persuasão em diversos contextos. A clareza e a profundidade da sua abordagem fazem da retórica aristotélica uma ferramenta essencial para influenciar e comunicar eficazmente.

Nos tempos atuais, a comunicação digital tem influenciado significativamente a forma como a retórica é praticada e percebida. A era digital proporcionou uma amplificação sem precedentes do discurso público, permitindo que indivíduos expressem suas opiniões e exponham seus argumentos para um público global instantaneamente, e isso aumenta a importância da retórica, pois a habilidade de articular e persuadir por meio da linguagem se torna essencial para se destacar em um ambiente tão saturado de informações.

No contexto do Marketing Digital, percebe-se que a técnica de *Copywriting* utiliza os modos de persuasão da retórica clássica, combinados de maneira estratégica, para maximizar sua eficácia na influência do público-alvo/auditório, elemento considerado fundamental pela Nova Retórica. É por isso que a área do Marketing se apropria de termos e/ou expressões que se aproximam dos conceitos da retórica, a exemplo de gatilhos mentais, em vez de *pathos* aristotélico, e dos tipos de gatilhos mentais, como o medo e a escassez, que se associam ao *pathos* do temor, e o gatilho de autoridade, associado ao argumento de autoridade (*logos*), corroborando, de forma significativa, para a persuasão.

O *Copywriting* é, portanto, uma ferramenta essencial no Marketing Digital, pois visa a persuadir o público-alvo a tomar uma ação desejada, e a análise do infoproduto "Reels Superpoderoso" destaca o poder persuasivo da técnica de *Copywriting* empregada pelo produtor de conteúdo com tal finalidade.

Sabe-se que a razão está imbricada no processo decisório do público-alvo/auditório; ainda assim, mesmo as decisões mais racionais envolvem o aspecto da afetividade, é com base nisso que, na técnica de *Copywriting*, o *pathos* ganha predominância e expressividade no discurso persuasivo, considerando a tríade aristotélica.

Com base nesta análise, podemos concluir que a abordagem persuasiva de Cuenca foi eficaz ao aplicar com maestria os princípios do *Copywriting* na divulgação do infoproduto "Reels Superpoderoso". Isso ressalta a relevância de uma *copy* bem feita no mundo do Marketing Digital e como uma estratégia persuasiva habilmente executada pode ter um impacto significativo nas decisões dos consumidores, ainda que seu autor não tenha ciência de que a base de todo esse processo se encontra em bases aristotélicas.

REFERÊNCIAS

ARISTÓTELES. *A Retórica das Paixões*. 2 ed. São Paulo: Martins Fontes, 2021.

ARISTÓTELES. *Retórica*. Tradução de Manuel Alexandre Junior, Paulo Farhouse Alberto e Abel do Nascimento Pena. Lisboa: Imprensa Nacional; Casa da Moeda, 2005. Disponível em: https://sumateologica.wordpress.com/wp-content/uploads/2009/07/aristoteles_-_retorica2.pdf/. Acesso em: 5 ago. 2022.

ASSAD, N. *Marketing de Conteúdo*: ter sua empresa decolar no meio digital. São Paulo: Atlas, 2016.

AVIS, M. C.; FERREIRA JR., A. B. *Supermarketing*: estratégias de marketing digital. Curitiba: Intersaberes, 2022.

CIALDINI, R. B. *As armas da persuasão*. Tradução de Ivo Korytowski. Rio de Janeiro: Sextante, 2012.

FERREIRA, G. *Gatilhos mentais*: o guia completo com estratégias de negócios e comunicações provadas para você aplicar. São Paulo: DVS, 2019.

MACCEDO, P. *Copywriting*: o método centenário de escrita mais cobiçado do mercado americano. Volume 1. São Paulo: DVS, 2019.

MARIANO, M. R. C. P. *Usos e efeitos de estratégias argumentativas em avaliações no ensino superior*. São Paulo: Alfa, 2005. Disponível em: https://periodicos.fclar.unesp.br/alfa/article/download/1370/1072/3624/. Acesso em: 7 set. 2023.

OLIVEIRA, E. C. Persuadir ou Convencer? *Semana de Mobilização Científica*, Salvador, v. 1, n. 1, p. 1-8, 17 out. 2005.

PERELMAN, C.; OLBRECHTS-TYTECA, L. *Tratado da argumentação*: a nova retórica. Trad. de Maria Hermantina de Almeida Prado Galvão. 3. ed. São Paulo: Martins Fontes, 2014.

REZ, R. *Marketing de conteúdo*: a moeda do século XXI. São Paulo: DVS, 2016.

TORRES, C. *A Bíblia do Marketing Digital*: tudo o que você queria saber sobre marketing e publicidade na internet e não tinha a quem perguntar. São Paulo: Novatec, 2010.

VIEIRA, D. Copywriting (O que é Copywriting: confira as principais técnicas e gatilhos para persuadir e vender com palavras). *Rock Content*, Belo Horizonte, 2020. Disponível em: https://rockcontent.com/br/blog/copywriting/. Acesso em: 25 maio 2022.

Anexo – Copy intitulado "Você não tem muito tempo"

Você não tem muito tempo
1 mensagem

Paulo Cuenca <oi@paulocuenca.com.br>   6 de fevereiro de 2022 às 14:00
Responder a: atendimento@paulocuenca.com.br
Para: Helena Pabst <hpabst@gmail.com>

Olá, futura beselha real!

Você só abriu este e-mail hoje porque sabe o **que vai perder se ficar de fora do Reels Superpoderoso, não é?**

E você sabe que vai se arrepender depois.

Que vai ver seus concorrentes dominando o reels e ganhando dinheiro no Instagram enquanto se pergunta: Por que não investi no meu negócio quando tive a chance?

Então aproveite porque **a chance está passando na sua frente** e ainda dá tempo de tomar uma decisão que vai mudar seu negócio.

Clique aqui para entrar no Reels Superpoderoso e se juntar às beselhas que vão dominar o Reels para aumentar seu alcance e suas vendas.

E aproveite seu cupom SPPCOLMEIA37 para garantir seu desconto de R$600 (lembrando que essa condição não vai mais se repetir).

Como se não bastasse tudo o que vai aprender no Reels Superpoderoso, você ainda tem a chance de mudar de ideia depois.

Se em até 7 dias após sua inscrição você perceber que o curso não é pra você, com apenas um clique pode pedir seu dinheiro de volta.

Mas duvido que isso aconteça. Depois que você começa a voar, nunca mais quer voltar à sua vida de antes.

Clica no botão abaixo e vem voar no Reels Superpoderoso:

QUERO ENTRAR NO REELS SUPERPODEROSO

Nos vemos em breve!

Um abraço,

Paulo Cuenca

Sent to: hpabst@gmail.com

Unsubscribe

WTF Maison, Alameda Ibérica, 285, Santana de Parnaíba - São Paulo, 06543-502, Brasil

ANÁFORA DO OBJETO DIRETO: CRENÇAS DOS DOCENTES

Cláudia Norete Novais Luz
Norma da Silva Lopes

1 INTRODUÇÃO

Diversos estudos pautados no português do Brasil, nos últimos tempos, têm sinalizado o uso de estratégias alternativas ao clítico de terceira pessoa na representação do acusativo anafórico e têm verificado uma mudança praticamente efetivada nessa realização. Cabe indagar, portanto, por que as gramáticas tradicionais abordam, quase que exclusivamente, o emprego dos pronomes oblíquos (Eu *a* vendi, ontem), renegando as outras variantes do clítico preconizado pela tradição gramatical, que apresenta pouca produtividade, o que acaba oportunizando a eclosão de outras estratégias, tais como o pronome lexical (Eu vendi *ela* ontem), o sintagma nominal anafórico (Eu vendi *a caneta* ontem), e o objeto nulo (Eu vendi Ø ontem).

O objeto direto anafórico de terceira pessoa tem tido tratamento distinto no campo das gramáticas tradicionais e no campo das pesquisas linguísticas, visto que estas procuram, constantemente, observar as preferências dos falantes; enquanto aquelas seguem regras fixadas que privilegiam uma única forma, ou seja, o clítico acusativo de terceira pessoa. Vejamos o que pontua Duarte (1989, p. 19):

> Na realização do objeto direto correferente com um SN mencionado no discurso (doravante objeto direto anafórico), o português falado no Brasil tende, com frequência cada vez maior, a substituir o clítico acusativo de 3ª pessoa pelo pronome lexical (forma nominativa do pronome em função acusativa), SNs anafóricos (forma plena do SN correferente com outro SN previamente mencionado) ou por uma categoria vazia (objeto nulo).

Por meio do perfil variável do referido fenômeno linguístico, serão investigadas, neste capítulo, as crenças de oito professores de língua portuguesa do ensino médio de Salvador. Investigar as crenças dos professores de língua portuguesa quanto à retomada anafórica do objeto direto de terceira pessoa se justifica por se tratar de um fenômeno linguístico alvo de controle da tradição escolar, que prevê uma única forma, enquanto ocorrem outras variantes entre os usuários da língua. Um ensino plural precisa, pois, contemplar a diversidade. Assim, este trabalho tem como objeto de estudo as crenças sobre a retomada anafórica do objeto direto de terceira pessoa no contexto escolar do português do Brasil por meio da observação dos docentes.

2 SOCIOLINGUÍSTICA VARIACIONISTA, A SOCIOLINGUÍSTICA INTERACIONAL E O ESTUDO DAS CRENÇAS

Esta seção inicia-se abordando os aspectos teóricos da Sociolinguística Variacionista de William Labov, para contribuir com suas explicações a respeito da inter-relação entre a variação linguística e aspectos sociais. Dando continuidade, nos concentramos na Sociolinguística Interacional, uma vez que ela propõe o estudo do uso da língua na interação social. Em seguida, apresentamos alguns conceitos sobre crenças, de acordo com a posição teórico-metodológica dos autores estudados.

2.1 SOCIOLINGUÍSTICA VARIACIONISTA

No decorrer dos últimos anos, a Sociolinguística laboviana vem encontrando ampla aplicação no estudo de fenômenos variáveis no português brasileiro, e a escolarização é um fator externo que demonstra interferir nesses fenômenos variáveis, pois, no Brasil, a escolaridade é um fator de estratificação social. Sobre esse tema, Paiva e Scherre (1999, p. 217, 218) consideram que:

> É possível também que a influência da variável escolaridade reflita, na verdade, a ação da variável classe social. Se assim for, as consequências são ainda mais perversas: não se modificam variantes linguísticas, mas, sim, se excluem os indivíduos que não possuem determinadas variantes linguísticas.

A variedade que a escola adota é considerada padrão, é aquela socialmente mais valorizada, de reconhecido prestígio na comunidade, sendo seu uso, geralmente, "requerido em situações de interação determinadas, definidas pela comunidade como próprias, em função da formalidade da situação, do assunto tratado, da relação entre os interlocutores" (Alkmim, 2008, p. 40). A hierarquização da língua não tem qualquer base científica e serve somente para alicerçar preconceitos. Ainda nas palavras de Alkmim (2008, p. 42), "a não aceitação da diferença é responsável por numerosos e nefastos preconceitos sociais e, neste aspecto, o preconceito linguístico tem um efeito particularmente negativo".

As pesquisas linguísticas contemporâneas tendem a alcançar objetivos que foram abandonados pelas vertentes teóricas anteriores, fugindo da artificialidade do ensino da língua materna, inserindo aspectos pautados na relação entre interlocutores e o contexto linguístico. Tais visões contrariam a tradição gramatical, bastante frequente no âmbito escolar, validada na pedagogia adotada pelos professores e endossada pelos livros didáticos que pouco retratam a língua em uso. Sem desmerecer *a priori* os objetivos e as especificidades da escola, que tem como bússola a norma padrão, acreditamos que é viável uma proposta de trabalho com a língua materna na escola que seja pautada na variação, no interlocutor, no gênero e no contexto de realização.

Ressaltamos ser de muita importância que, na esfera escolar, seja cada vez mais ampliada a noção de que os conhecimentos relacionados à gramática de uma língua envolvem, além do estudo de seu sistema linguístico, o de seus usos, de seu contexto e de seus falantes. Além disso, para a adequação do ensino da língua à realidade do seu uso, é necessária uma política de formação de professores, planejada desde sua fase inicial até a formação continuada, que vise a auxiliar as práticas de ensino de Língua Portuguesa numa visão plural do conhecimento científico.

2.2 SOCIOLINGUÍSTICA INTERACIONAL

A teoria de Gumperz (1982), de base sociológica, considera o sujeito uma construção social e, mais notadamente, interativa, e a língua é vista como um dos meios simbólicos para a interação social. De acordo com Figueroa (1994), a teoria sociológica de Gumperz está embasada na interação humana: os significados, a ordem, as estruturas não são predeterminadas; evoluem, contudo, no curso da própria interação, amparados em encadeamentos de fatores, materiais e psicológicos.

As bases que patenteiam a fundação da Sociolinguística Interacional começaram a surgir entre 1960 e 1980, segundo Ribeiro e Garcez (2002).

Tal vertente da Sociolinguística nasceu "fortemente ancorada na pesquisa qualitativa empírica e interpretativa. A Sociolinguística Interacional propõe o estudo do uso da língua na interação social" (Ribeiro; Garcia, 2002, p. 8), o "estudo da organização social do discurso em interação" com o objetivo de analisar "a comunicação situada na interação face a face" (Ribeiro; Garcia, 2002, p. 8). "O interesse central da Sociolinguística Interacional é a natureza interativa da conversação" (Tannen, 1992, p. 11), "razão pela qual o ouvir e o falar são considerados como indissociavelmente interligados" (Tannen, 1992, p. 11). Assentados na pesquisa qualitativa empírica e interpretativa, os estudos oriundos dessa vertente diversificam-se de acordo com o interesse do pesquisador, que pode dar maior ou menor ênfase ao fenômeno linguístico *versus* o fenômeno interacional.

De acordo com Figueroa (1994), a Sociolinguística Interacional de Gumperz é distinta das outras teorias que a antecederam por três razões: 1) pela seleção do tipo de comunicação face a face, isto é, um tipo que escolhe o indivíduo para ser o viés de interesse da análise linguística. Esta opção elimina a análise fundamentada nas médias encontradas em comunidades de falantes, que, muitas vezes, realiza somente generalizações estatísticas respaldadas em dados selecionados segundo métodos de inquéritos e não em dados sancionados pela análise da competência linguística; 2) pelo empenho de Gumperz (1982) a dedicar-se no conhecimento individual e suas problemáticas, ou seja, o que é partilhado desse conhecimento, como ele é repartido e até onde é significante e generalizável; este desassossego não é observado no nível do discurso da comunidade linguística; 3) pela aceitação, por Gumperz, da teoria do "comportamento individual", que vê na interação uma constituinte da realidade social. (Gumperz, 1982; Figueroa, 1994)

A Sociolinguística Interacional tem como norte a descrição dos fenômenos de interação humana e estuda, em um grupo social, as estratégias empreendidas pelo falante, as pistas de contextualização, e as inferências sobre os conteúdos compartilhados na interação verbal. Os sujeitos têm papéis sociais e os processos interativos de que participam constituem a realidade social. Gumperz (1982) refuta a separação de língua do seu contexto social e se dedica ao conhecimento de como o comportamento linguístico gera interpretações de como as intenções individuais movem o comportamento linguístico e de como o sucesso da comunicação está pertinente ao conhecimento sociolinguístico, visto que são objetos de análise da Sociolinguística Interacional o discurso, os sujeitos envolvidos no ato interacional, tanto o falante quanto o ouvinte, o contexto de interação e os papéis sociais representados pelos participantes do ato comunicativo.

2.3 O ESTUDO DAS CRENÇAS

Diversas definições acerca de crenças são expostas por estudiosos da Linguística Aplicada (Santos 1996; Barcelos, 2001, 2004, Pajares 1992, entre outros). Essa abundância de definições apresentadas pela Linguística Aplicada valida a potencialidade deste conceito, incentivando-nos a esmiuçar as questões associadas ao complexo processo de ensinar/aprender uma língua. Pajares (1992) aponta uma série de termos para retratá-las: atitudes, valores, julgamentos, axiomas, opiniões, ideologia, percepções, conceituações, sistema conceitual, pré-conceituações, disposições, teorias implícitas, teorias explícitas, teorias pessoais, processo mental interno etc

As crenças, na visão de Barcelos (2001), permeiam as nossas experiências e são pessoais, intuitivas. Nesse sentido, as crenças não são apenas conceitos cognitivos, contudo, de acordo com Barcelos (2004, p. 132), são também sociais, "porque nascem de nossas experiências e problemas, de nossa interação com o contexto e da nossa capacidade de refletir e pensar sobre o que nos cerca". As crenças são um construto do contexto em que o indivíduo está inserido.

Santos (1996, p. 8) sinaliza que:

> Crença seria uma convicção íntima, uma opinião que se adota com fé e certeza. [...] Já atitude seria uma disposição, propósito ou manifestação de intento ou propósito. Tomando atitude como manifestação, expressão de opinião ou sentimento, chega-se à conclusão de que nossas reações frente a determinadas pessoas, a determinadas situações, a determinadas coisas seriam atitudes que manifestariam nossas convicções íntimas, ou seja, as nossas crenças em relação a essas pessoas, situações ou coisas.

Compreendemos por crença um pensamento, uma visão e percepção do mundo, uma opinião que se tem sobre alguma coisa. As crenças podem ser também compreendidas como dinâmicas, social e contextualmente edificadas, podendo ser alteradas, (re)significadas através das experiências ou ainda por meio das interações e relações do indivíduo com os outros indivíduos, sendo as crenças, portanto, responsáveis pela manifestação das atitudes. Por exemplo, em um contexto de sala de aula em que os discentes sinalizam (creem) que a língua portuguesa é muito difícil ou então que falam mal a língua portuguesa e que falam errado a sua própria língua, se o docente nortear a discussão centrada nesse tema, levando em conta a variação linguística, as crenças desses alunos podem ser (re)significadas. Garbuio (2006, p. 90) afirma que as crenças "são construídas a partir da história do indivíduo e a partir de sua interação com o meio, além de poder admitir graus". Ou seja, são dinâmicas.

Na visão de Barcelos (2001, p. 85), "as crenças devem ser investigadas de maneira interativa, onde crenças e ações [atitudes linguísticas] se inter-relacionem e se interconectem". Seu entendimento é o de que, ao estudar as crenças, não há como separá-las das atitudes, visto que as ações decorrem das crenças e, nesse vai e vem, as crenças e as atitudes se inter-relacionam, se interconectam.

3 METODOLOGIA E ANÁLISE DO ESTUDO

Para o desenvolvimento deste estudo, contamos com a participação voluntária de oito docentes de língua portuguesa do ensino médio de Salvador. Como esta pesquisa envolve seres humanos, antes de obter os dados dos professores, a proposta do referido trabalho foi submetida ao Comitê de Ética em Pesquisa (CEP), vinculado à Comissão Nacional de Ética em Pesquisa (Conep). Vale registrar que este trabalho foi devidamente avaliado pelo CEP-Uneb, via Plataforma Brasil, sob o protocolo: 7089.5923.2000.00057, aprovado em 22 de agosto de 2023.

Resolvemos adotar os pressupostos metodológicos da Teoria da Variação e da Sociolinguística Interacional. Para os estudos de crenças linguísticas, decidimos seguir a concepção mentalista. Segundo Botassini (2013), a noção de crença é de suma importância para os estudos sociolinguísticos. Sabendo dessa importância, o propósito deste estudo é identificar as crenças a respeito do fenômeno da retomada anafórica do objeto direto de terceira pessoa de oito professores de português do ensino médio de Salvador. Os resultados apresentados são oriundos da aplicação da técnica de medição direta em que se pergunta diretamente aos informantes sobre suas crenças em relação à língua, à variedade linguística, entre outros aspectos.

Para a análise de natureza descritiva/qualitativa em que se procura descrever e interpretar o fenômeno linguístico, tendo como meta compartilhar significados, foram elaboradas duas questões abertas, visando observar as crenças a respeito do referido fenômeno linguístico. Aqui, crenças linguísticas são compreendidas como uma disposição valorativa dos falantes sobre os fenômenos linguísticos. Nas crenças, os professores revelam conceitos, o que pensam (Oliveira, 2014).

Foram escolhidos excertos de textos dissertativo-argumentativos escritos (excertos de redações elaboradas por internautas que desenvolveram uma das propostas apresentadas pelo UOL para o ano de 2020, cujo tema foi "Carnaval e apropriação cultural" (Olivieri, 2020), para analisar crenças de professores do ensino médio de Salvador quanto ao fenômeno linguístico variável. Dessa forma, foi pedido aos professores que, mediante a leitura dos fragmentos 01, 02, 03 e 04 expostos a seguir, respondessem às questões 01 e 02. Por meio dessas questões propostas, vamos observar se os docentes que aceitaram participar da pesquisa mencionam a retomada anafórica do objeto direto de terceira pessoa como sendo um dos fenômenos linguísticos que distingue um fragmento do outro e, dessa forma, conseguir inferir avaliações sobre o uso desse fenômeno linguístico nas suas quatro formas possíveis. Sendo assim, analisamos a avaliação dos docentes diante dos quatro fragmentos

> (01) Um grande problema de sequestrar elementos de culturas não dominantes é **usá-los** de maneira descontextualizada, causando uma desvalorização. (fragmento conforme a norma padrão com emprego do clítico acusativo)

> (02) Muitas dessas mulheres no carnaval usam **o turbante** pela sua estética; não usam **o turbante** pela história que o mesmo representa. (sintagma nominal anafórico)

> (03) É muito importante para a população saber reconhecer a apropriação cultural e eliminar Ø quando necessária [...] (objeto nulo)

> (04) [...] as pessoas vão para as ruas no carnaval para se divertir, para esquecer os problemas e as lutas cotidianas; vão para **esquecer eles**. (pronome lexical)

Para entendermos a avaliação do docente a respeito da retomada anafórica do objeto direto de terceira pessoa como sendo um dos fenômenos linguísticos que distingue um fragmento do outro, perguntamos:

QUESTÃO 01: É possível *identificar se os trechos são escritos por pessoas diferentes? Justifique.* Vejamos o Gráfico 1:

Gráfico 1 – Os trechos são escritos por pessoas diferentes?

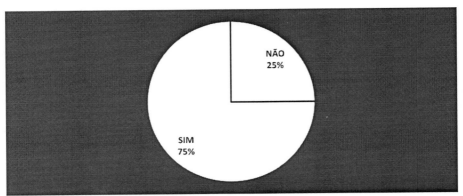

Fonte: elaboração dos autores (2024).

Os resultados do Gráfico 1 mostram que 02/08 = 25,0% dos professores acreditam que os trechos são escritos por pessoas diferentes e 06/08 = 75,0% creem que os trechos foram escritos pela mesma pessoa. Observemos as justificativas das respostas dadas a essa questão.

> *(01) Não. É possível que uma mesma pessoa possa utilizar a língua de forma diversa a depender do interlocutor e do contexto de uso. (H3F)* [15]
>
> *(02) Sim. Os fragmentos conversam entre si, eles estão relacionados no assunto abordado, porém a escrita está diferente, principalmente pelo uso do objeto direto, mostrando que os autores são diferentes. (M3F)*
>
> *(03) Sim. No trecho 04 há uma marca mais forte da presença da oralidade, o que o coloca como mais dissonante dos outros trechos. Nos demais (01, 02 e 03) dá para notar estilos diferentes de construção do objeto direto e de suas relações com seus referentes. (M1F)*
>
> *(04) Sim. É possível perceber níveis de conhecimento dos mecanismos linguísticos diferentes em cada caso. Há fragmentos em que os desvios são maiores que outros, especialmente, no fragmento 04 pelo uso do pronome lexical. (L1F)*
>
> *(05) Sim, é possível identificar que se trata de pessoas diferentes. Pela seleção de palavras e pela forma de retomar elementos*

---

[15] Para a coleta dos dados, confeccionamos a seguinte codificação: (H, a primeira letra do nome do professor participante da pesquisa, da faixa '3' de (50 a 60 anos), do sexo F)

> *(pronomes de caso oblíquo e pronomes do caso reto em lugar de objeto, por exemplo) mostram diferenças, no mínimo, de diferentes graus de formalidade. (R1M)*
>
> *(06) Sim! Aparentemente o fragmento 01 teve uma correção gramatical, o escritor ou falante teve a preocupação em fazer o uso formal da língua. Já os outros três fragmentos apresentam equívocos gramaticais como a subtração de um pronome no fragmento 03 e o uso do pronome pessoal "eles" no lugar de um pronome oblíquo no fragmento 04. Eu diria que o fragmento 01 está escrito de acordo com a modalidade escrita formal da língua, já os outros, apesar de conseguirem transmitir a ideia, apresentam equívocos gramaticais. (D1M)*
>
> *(07) Não. É possível que os trechos 01, 02, e 03 tenham sido/ou possam ter sido produzidos pela mesma pessoa. O sujeito que utiliza o clítico pode repetir ou apagar o SN, como em 02 e 03, já que são variantes sem estigma social. Já o fragmento 04, o pronome ele é estigmatizado, mas pode ter sido produzido pela mesma pessoa. (L2F)*
>
> *(08) Sim, o uso de referentes diferentes para a colocação pronominal, por exemplo, indica que os trechos foram escritos por pessoas diferentes. (C2F)*

De acordo com as respostas dadas, percebemos que as professoras H3F e L2F creem que uma mesma pessoa possa ter produzido os quatro trechos, contudo as justificativas dessas docentes são diferentes, a H3F expõe que *"uma mesma pessoa possa utilizar a língua de forma diversa, a depender do interlocutor e do contexto de uso"*, essa professora acredita que a língua nos proporciona diversas possibilidades de uso e tudo irá depender de quem ouve e do contexto da interação, quer seja formal ou informal, isto é, que adequamos a nossa língua de acordo com o interlocutor e com o contexto. Já a professora L2F sinaliza que:

> *É possível que os trechos 01, 02, e 03 tenham sido/ou podem ter sido produzidos pela mesma pessoa. O sujeito que utiliza o clítico pode repetir ou apagar o SN, como em 02 e 03, já que são variantes sem estigma social. Já o fragmento 04, o pronome ele é estigmatizado, mas pode ter sido produzido pela mesma pessoa.*

A professora L2F aponta a retomada anafórica do objeto direto de terceira pessoa como sendo um dos fenômenos linguísticos que distingue um fragmento do outro, todavia emite uma crença negativa quanto ao pronome lexical e positiva ao clítico e às variantes linguísticas não estigmatizadas socialmente: o objeto nulo e o sintagma nominal. Diante disso, ressaltamos que essas professoras entenderam que as pessoas não fazem uso da língua da mesma forma em todas as situações as quais estão inseridas. A língua é variável. Existem tantas maneiras de as pessoas se expressarem através da língua, quanto pelos contextos nos quais se deparam. Elas compreendem que não existe falante de estilo único: qualquer falante apresenta alternâncias de variáveis linguísticas, uns em maior grau e outros em menor grau, quando se mudam o contexto social e a temática da interação social. Ou seja, um mesmo indivíduo, conforme a situação em que esteja, pode utilizar a sua língua de maneira distinta. A língua é constitutiva da realidade.

Ainda, seis professores de oito (75%) assinalam que os trechos foram escritos por pessoas diferentes e apontam que a retomada anafórica do objeto direto de terceira pessoa como sendo um dos fenômenos linguísticos que distingue um fragmento do outro.

Vejamos o que mencionam: o professor M3F salienta que *"os fragmentos conversam entre si, eles estão relacionados no assunto abordado, porém a escrita está diferente, principalmente pelo uso do objeto direto, mostrando que os autores são diferentes"* (02) Para M3F, o que torna os fragmentos distintos é o uso do objeto direto. A docente M1F expõe que *"no trecho 04 há uma marca mais forte da presença da oralidade, o que o coloca como mais dissonante dos outros trechos. Nos demais (01, 02 e 03) dá para notar estilos diferentes de construção do objeto direto e de suas relações com seus referentes"*. Para M1F o trecho 04 é distinto dos demais, ou seja, o uso do pronome lexical destoa dos outros fragmentos, enquanto nos demais trechos há estilos distintos do objeto direto. O professor L1F informa que é possível perceber *"níveis de conhecimento dos mecanismos linguísticos diferentes em cada caso. Há fragmentos em que os desvios são maiores que outros, especialmente, no fragmento 04 pelo uso do pronome lexical"* (04). Para L1F, além dos mecanismos linguísticos diferentes, ocorre também desvios maiores, em especial pelo uso do pronome lexical. O docente R1M declara que *"se trata de pessoas diferentes. Pela seleção de palavras e pela forma de retomar elementos (pronomes de caso oblíquo e pronomes do caso reto em lugar de objeto, por exemplo) mostram diferenças, no mínimo, de diferentes graus de formalidade"* (05). Isto é, para R1M, a retomada anafórica traz distinção, no mínimo, no grau de formalidade no fragmento. Já o D1M justifica a sua resposta salientando que:

> [...] *o fragmento 01 teve uma correção gramatical, o escritor ou falante teve a preocupação em fazer o uso formal da língua. Já os outros três fragmentos apresentam equívocos gramaticais como a subtração de um pronome no fragmento 03 e o uso do pronome pessoal "eles" no lugar de um pronome oblíquo no fragmento 04. Eu diria que o fragmento 01 está escrito de acordo com a modalidade escrita formal da língua, já os outros, apesar de conseguirem transmitir a ideia, apresentam equívocos gramaticais (06).*

A resposta (06) do D1M refere-se à relevância para o uso do clítico acusativo na retomada anafórica do objeto direto de terceira pessoa considerando-o da norma padrão, julgando essa variante como a melhor, dando maior prestígio aos que dela fazem uso, os demais trechos expõem a ideia, no entanto têm desvios gramaticais. No que diz respeito à resposta do C2F, vejamos: "*o uso de referentes diferentes para a colocação pronominal, por exemplo, indica que os trechos foram escritos por pessoas diferentes*" (08). A professora C2F reconhece, também, a retomada do objeto direto como uma distinção nos trechos analisados.

Esses professores reconhecem a retomada anafórica do objeto direto de terceira pessoa como sendo um dos fenômenos linguísticos que distingue um fragmento do outro, no entanto valorizam excessivamente o emprego do clítico acusativo que é considerado pela norma padrão em detrimento do pronome lexical que é renegado pela mesma norma padrão. Eles pautam as suas respostas na crença da dualidade entre certo e errado na colocação pronominal. Os professores não demonstram considerar que os alunos já utilizam a sua língua materna e que a função da escola é ampliar os seus recursos comunicativos para dar conta, inclusive, das convenções sociais que lhes são/serão impostas. É interessante que se entenda que não há uma língua certa a ser ensinada, todo professor deve saber disso, e o que precisa ser ensinado são as formas linguísticas consideradas mais adequadas ou menos adequadas a certas situações comunicativas. Cabe registrar que, além de pontuar a retomada anafórica como a distinção entre os quatro fragmentos, alguns docentes também sinalizam outras características dos fragmentos como: (03) *"eles estão relacionados no assunto abordado"*, (04) *"níveis de conhecimento dos mecanismos linguísticos diferentes em cada caso..."*, (05) *"Pela seleção de palavras..., diferentes graus de formalidade..."*. Alguns professores estão mais atentos e conseguem notar nos fragmentos o assunto abordado, os usos de mecanismos linguísticos distintos, a seleção vocabular e graus de formalidade e de informalidade nos trechos.

Podemos evidenciar que os docentes avaliam positivamente o uso do clítico acusativo. Essa crença positiva atribuída pelos professores está associada à variedade ensinada nas escolas como padrão, como forma apropriada e identificada como de prestígio. As respostas dadas mostram que os professores não apresentam estigma quanto ao uso do sintagma nominal anafórico e do objeto nulo, formas não condenadas pela gramática normativa; portanto, com relação a essas duas estratégias, eles demonstram crenças positivas. No tocante ao pronome lexical, as respostas mostram que os professores manifestam estigma quanto ao seu uso; portanto, com relação a essa estratégia, os docentes demonstram crenças negativas, tal forma é considerada inadequada pela gramática normativa ensinada na escola.

No que diz respeito à questão 02: **É possível ver diferenças gramaticais entre os quatro trechos? Se for o caso, aponte algumas**, todos os professores da pesquisa ora empreendida pontuam a retomada anafórica do objeto direto de terceira pessoa como a principal diferença gramatical dos fragmentos e explicam tais diferenças com riqueza de detalhes, pontuando com consistência sobre o referido fenômeno linguístico.

Verificamos nas respostas de três professores que o clítico acusativo, variante considerada padrão, está associada aos contextos formais e à modalidade escrita, e as demais variantes, o pronome lexical, o sintagma nominal, o objeto nulo, estão associadas aos contextos informais e à modalidade oral. Fica bem evidente nas respostas que eles reconhecem as formas alternantes de representação do acusativo anafórico e as explicam com muitos detalhes, mas inclinam-se a condenar o pronome lexical em função de complemento do verbo e elegem o clítico acusativo em detrimento de qualquer outra variante, ou seja, esses docentes abraçam o uso do clítico acusativo como ele é tratado nos manuais didáticos e nas gramáticas tradicionais, que ainda são vistas como norteadoras do ensino tradicional. Os professores alimentam a crença de que o foco das aulas de língua portuguesa é o ensino da gramática, essa crença permeou e continua permeando o ensino da língua materna. Seguem as respostas desses três professores:

> (09) Sim, é possível observar que o primeiro texto tem clareza nas ideias, foi bem escrito, fez o uso do clítico acusativo, mas os outros fragmentos tiveram alguns problemas gramaticais, como o emprego do pronome reto, no trecho 04. (M3F)

(10) Sim. O fragmento 1, consegue utilizar o pronome oblíquo como elemento anafórico. Os demais fragmentos ficam comprometidos exatamente por não apresentá-lo. Além disso, o fragmento 1 esboça um aprimoramento estilístico em relação aos demais, quando utiliza o termo "sequestro" de forma metafórica, ainda que este apareça de forma um tanto quanto exagerada. O fragmento 4 apresenta marcas de oralidade muito maiores que nos outros trechos principalmente quando utiliza um pronome pessoal como objeto. (L1F)

(11) Sim. O fragmento 01 apresenta uma correção gramatical, enquanto os outros apresentam alguns equívocos como o uso incorreto de pronomes nos fragmentos 02 e 04 respectivamente, além disso há um registro de subtração do uso do pronome oblíquo para marcar o objeto de direto de um verbo no fragmento 03. (R1M)

Mediante as respostas (09), (10) e (11) dadas pelos três professores, percebemos que eles acreditam em formas variantes mais corretas que outras. Ou seja, nesse fenômeno variável, na visão desses docentes, uma variante é vista como "melhor" e mais aceita (o clítico acusativo); e o pronome lexical é visto como menos importante e deveria ser refutado. Vejamos a resposta da professora L1F: "*O fragmento 1 consegue (como algo mais elevado, quase inalcançável) utilizar o pronome oblíquo como elemento anafórico. Os demais fragmentos ficam comprometidos (com o valor reduzido) exatamente por não apresentá-lo*"[16]. Além disso, o fragmento 1 esboça um aprimoramento (tem um primor que lhe dá maior prestígio) estilístico em relação aos demais. "O fragmento 4 apresenta marcas de oralidade (traço que, segundo à professora, o faz perder uma parte do seu valor) muito maiores que nos outros trechos principalmente quando utiliza um pronome pessoal como objeto" (10). Destacamos que para L1F os fragmentos 02, 03, e 04 estão comprometidos justamente por não usar pronome oblíquo como elemento anafórico e, além disso, salienta que o pronome lexical é a variante que apresenta de forma mais consistente as marcas da oralidade. Essa docente considera merecedora de avaliação maior a variedade ensinada na escola e com avaliação menor as variedades que os alunos trazem de casa e que foram adquiridas em seu contexto social. As variedades linguísticas dos discentes e a da escola são, na maioria das vezes, bem distintas, indicando que, de um lado, temos as formas linguísticas prestigiadas e, do outro lado, as formas linguísticas estigmatizadas, que

---

[16] Não fizemos nenhuma alteração linguística nas respostas dadas pelos professores.

geralmente são refutadas no processo de escolarização, enquanto aquelas estão inseridas no processo de escolarização e mais frequentemente presentes em textos escritos e, na fala, em contextos específicos. Os grupos sociais menos favorecidos normalmente são discriminados por usarem as variantes do seu grupo, consideradas "sem prestígio".

Na pergunta 02, em que se procurou averiguar acerca das diferenças gramaticais entre os quatro trechos, a maior parte dos professores colaboradores demonstrou, ao analisar os trechos, que tomou como parâmetro apenas as prescrições tradicionais. Isto é, defende que as questões gramaticais devem ser ensinadas de forma tradicional, o que nos leva a acreditar que um ensino que leva em conta as variedades linguísticas e o contexto é, provavelmente, descartado por esse grupo de professores. No processo do aprender e do ensinar, é bastante comum que o docente seja persuadido pelas suas crenças particulares para avaliar o posicionamento do seu aluno, haja vista que o ser humano está imbuído de crenças, que foram adquiridas nos primeiros anos de sua vida e que foram passadas, provavelmente, por seus familiares, pelos amigos, pela comunidade em que vivem, pela educação tradicional a que foi submetida, e por outros fatores diversos. Assim sendo, é facílimo deixar que essas crenças adquiridas ao longo dos anos atravessem o limite da área pessoal para atuar na área profissional. Vejamos outras respostas dos docentes:

(12) Sim. Como a substituição do objeto por pronome oblíquo correspondente (01), a repetição de termos com mesma função sintática (02), o apagamento do pronome oblíquo (3) e o emprego de pronome de caso reto na função de oblíquo (04). (H3F)

(13) Sim. Trecho 01 utilização de pronome pessoal oblíquo - usá-los - para o referente "elementos de cultura"; Trecho 02, utilização da construção substantivada - o turbante - como referente de "turbante"; Trecho 03 há elipse de - apropriação cultural - no trecho "eliminar quando necessária"; Trecho 04, utilização do pronome pessoal reto - eles - como referente de "os problemas e lutas cotidianas". (M1F)

(14) Sim. A retomada por pronomes pessoais ("usá-los" em 01 e "esquecer eles" em 04), a elipse do pronome "la" em 03 quando se diz "eliminar" ao invés de "eliminá-la"; o uso de "o mesmo" no lugar de um pronome pessoal em 02; etc. Tais escolhas linguísticas revelam se tratar de pessoas diferentes. (D1M)

> (15) Sim. No trecho 01, o sintagma nominal "elementos de culturas não dominantes" é retomado pelo clítico em "usá-los". No trecho 02, o SN "o turbante" não é retomado pelo clítico, pois há a repetição do SN em "usam o turbante", e depois a substituição pelo termo "o mesmo". No trecho 03, o SN "apropriação cultural", não é retomado pelo clítico, há o apagamento do SN após a forma verbal "eliminar". No trecho 04, o SN "problemas e lutas cotidianas" é retomado pelo pronome pessoal "eles", não havendo também o uso do clítico. (L2F)
>
> (16) No 01, usa-se o oblíquo (los) para retomar elementos de culturas não dominantes; no 02, turbante é repetido sem usar sinônimo ou outro referente para fazer a coesão; no 03, não foi usado o oblíquo em eliminá-la (eliminar) para retomar apropriação cultural; no 04, é usado "eles" (pronome reto) para retomar problemas e lutas cotidianas ao invés de esquecê-los. (C2F)

Podemos notar que, nas respostas (12), (13), (14), (15) e (16), os docentes reafirmam o conhecimento sobre a retomada anafórica do objeto direto, trazendo boas explanações sobre o referido fenômeno linguístico variável. Nessas respostas, foi possível observar, mais uma vez, que os professores reproduzem o tratamento do tema de acordo com os manuais tradicionais que favorecem o emprego do clítico pronominal, rechaçando o uso do pronome lexical em função acusativa. As outras formas de representação do fenômeno linguístico variável, o objeto nulo e o sintagma nominal anafórico, não parecem ser alvo de estigma em correções pautadas na escrita dos alunos, visto que os docentes demonstraram preocupação em corrigir o emprego do pronome lexical em função de objeto direto e inexpressiva preocupação na correção do objeto nulo e do SN anafórico.

Diante da observação das respostas dos professores, averiguamos, mais uma vez, que as crenças dos docentes são construídas a partir de uma visão amplamente normativa, respaldada pelos compêndios tradicionais, levando-os a inibir no aluno uso de variantes tomando como referência à dicotomia certo e errado, que visa à promoção do atendimento a uma única forma que objetiva um padrão idealizado. A avaliação do texto do aluno pautada em apontar os erros corre o risco de se restringir a achar defeitos no texto, em detrimento de fundamentos mais significativos e amplos. Então, cabe ao professor de Língua Portuguesa respeitar e valorizar o conhecimento linguístico do aluno e, ao mesmo tempo, propiciar o aprendizado considerável das variantes prestigiadas, o que nem sempre ocorre.

4 CONSIDERAÇÕES FINAIS

Prestigiar e valorizar as variantes dos alunos na esfera escolar é tão imperioso quanto ensinar a norma padrão. Atingiremos realmente o objetivo do ensino almejado quando conseguirmos ensinar aos alunos que a norma padrão e as variantes linguísticas que eles utilizam no cotidiano são variações de uma mesma língua e são passíveis de uso sem serem consideradas como erradas. Na visão de Luft (2003, p. 69), "[...] todas as variedades da língua são valores positivos. Não será negando-as, perseguindo-as, humilhando quem as usa, que se fará um trabalho produtivo no ensino".

Os resultados apontados neste estudo validam a crença dos professores de língua portuguesa na legitimação das normas de prestígio, pois a maioria dos docentes ainda acredita que saber a língua materna é dominar apenas normas consagradas e, consequentemente, cobra do aluno esse aprendizado da língua. Percebemos também, nessa pequena amostra, que existe uma parcela dos professores que demonstra uma abertura para a diversidade linguística, o que indica os novos conhecimentos trazidos pela ciência da linguagem tanto na formação universitária quanto na formação docente e nas escolas. Destacamos que no espaço escolar, em especial, nas aulas de língua portuguesa, se adote uma pedagogia voltada para a variação linguística que seja democrática e que não aceite qualquer tipo de discriminação linguística. O ensino da língua materna deve contemplar a diversidade linguística e sua interseção com questões sociais, históricas e culturais. A melhor forma de ensinar a língua materna nas instituições de ensino seria procurar um nivelamento em relação ao valor dado às variantes linguísticas e, além disso, cabe ao professor, no tocante à gramática, auxiliar o aluno a fazer uso do seu conhecimento prévio sobre a língua e a ampliá-lo em diversos contextos comunicativos.

Nós não temos dúvidas de que a norma padrão deve continuar sendo ensinada nas aulas de língua materna, entretanto é interessante que os docentes compreendam que a língua exibe muita variação e que a decisão de saber que variantes vão usar e quando vão ser utilizadas deve partir dos falantes, e a sala de aula tem um papel importante nesse momento. Ainda hoje existe um empecilho no ensino da língua no que diz respeito à dificuldade que os professores demonstram em lidar com a variação nas aulas. O importante é que os docentes passem a ter consciência da necessidade de trabalhar com a pluralidade existente em sua sala de aula e que isso seja realizado sem incorrer em julgamentos incorretos.

REFERÊNCIAS

ALKMIM, T. Sociolinguística. *In*: MUSSALIN, Fernanda; BENTES, Ana Christina. (org.). *Introdução à Linguística*: domínios e fronteiras. São Paulo: Cortez, 2008. v. 1. p. 21-47.

BARCELOS, A. M. F. Metodologia de pesquisa das crenças sobre aprendizagem de línguas: estado da arte. *Revista Brasileira de Linguística Aplicada*, Belo Horizonte, v. 1, n. 1, p. 71-92, 2001. Disponível em: https://doi.org/10.1590/S1984-63982001000100005. Acesso em: 13 jan. 2024.

BARCELOS, A. M. F. Crenças sobre aprendizagem de línguas, linguística aplicada e ensino de línguas. *Linguagem & Ensino*, Pelotas, v. 7, n. 1, p. 123-156, 2004. Disponível em: https://periodicos.ufpel.edu.br/index.php/rle/article/view/15586. Acesso em: 13 jan. 2024.

BOTASSINI, J. O. M. *Crenças e Atitudes:* um estudo dos róticos em coda silábica no Norte do Paraná. 2013. Tese (Doutorado em Estudos da Linguagem) – Programa de Pós-Graduação em Estudos da Linguagem, Centro de Letras e Ciências Humanas, Universidade Estadual de Londrina, Londrina, 2013.

DUARTE, M. E. L. Clítico acusativo, pronome lexical e categoria vazia no português do Brasil. *In*: TARALLO, Fernando (org.). *Fotografias sociolinguísticas*. Campinas: Pontes, 1989.

FIGUEROA, E. *Sociolinguistic Metatheory*. New York: Elsevier, 1994.

GARBUIO, L. Crenças sobre a língua que ensino: foco na competência implícita do professor de língua estrangeira. *In*: BARCELOS, A.; ABRAHÃO, M. (Org.). *Crenças e ensino de línguas:* foco no professor, no aluno e na formação de professores. Campinas: Pontes, 2006.

GUMPERZ, J. J. *Discourse strategies*. Studies in Interactional Sociolinguistics 1. Cambridge: Cambridge University Press, 1982. Disponível em: https://books.google.com.br/books?id=aUJNgHWl_koC&lpg=PP1&dq=Discourse&hl=pt-BR&pg=PA12#v=onepage&q=Discourse&f=false. Acesso em: 19 março. 2024.

LUFT, C. P. *Língua e Liberdade*: Por uma nova concepção da língua materna. São Paulo: Ática, 2003.

OLIVEIRA, S. C. *Se eu falar você, painho me mata!* tratamento entre pais e filhos em Salvador. 2014. Tese (Doutorado em Língua e Cultura) – Programa de Pós-

-graduação em Língua e Cultura do Instituto de Letras, Universidade Federal da Bahia, Salvador, 2014.

OLIVIERI, A. C. Educação. Banco de redações. Carnaval e apropriação cultural. Redações corrigidas. *UOL*, 2020. Disponível em: https://educacao.uol.com.br/bancoderedacoes/propostas/carnaval-e-apropriacao-cultural.htm. Acesso em: 30 mar. 2024.

PAIVA, M. C.; SCHERRE, M. M. P. Retrospectiva sociolinguística: contribuições do PEUL. *DELTA*, São Paulo, v. 15, n. esp., p. 201-232, 1999.

PAJARES, F. M. Teachers' beliefs and educational research: Cleaning up a messy construct. *Review of Educational Research,* Washington, v. 62, n. 3, p. 307-332, 1992.

RIBEIRO, B. T.; GARCEZ, P. M. (org.). *Sociolinguística interacional:* antropologia, linguística e sociologia em análise do discurso. 2. ed. rev. e amp. São Paulo: Loyola, 2002.

SANTOS, E. *Certo ou errado?* atitudes e crenças no ensino da língua portuguesa. Rio de Janeiro: Graphia, 1996.

SILVA, G. M. O.; PAIVA, M. C. A. Visão de conjunto das variáveis sociais. *In*: SILVA, Giselle Machline de Oliveira; SCHERRE, M. M. P. (org.). *Padrões sociolinguísticos:* análise de fenômenos variáveis do português falado na cidade do Rio de Janeiro, 2. ed. Rio de Janeiro: Tempo Brasileiro, 1998. p. 337-378.

TANNEN, D. Interactional Sociolinguistics. *In:* BRIGHT, William (ed.). *Oxford Interactional Encyclopedia of Linguistics,* Vol. 4. Oxford: Oxford University Press. 1992.

LEITURA MULTISSEMIÓTICA E TRANSPOSIÇÃO DIDÁTICA NO LIVRO DIDÁTICO DO 6º ANO

Ravena Hernandes
Valquíria Claudete Machado Borba

1 INTRODUÇÃO

A abordagem da leitura por meio de textos multissemióticos no livro didático é uma estratégia que responde à necessidade de engajar os alunos nessa atividade de maneira mais efetiva. Kress e van Leeuwen (2006) destacam que a multimodalidade, ou seja, o uso de múltiplos modos de comunicação, como imagens, gráficos e outros recursos visuais, junto com o texto escrito, pode enriquecer a experiência de leitura e facilitar a compreensão dos conceitos. A inclusão desses elementos nos livros didáticos torna o processo de leitura mais dinâmico e acessível, especialmente para alunos que possam ter dificuldades com o texto escrito tradicional.

Além disso, a transposição didática deve considerar o contexto cultural e social dos alunos. Oliven (2005) argumenta que a identidade cultural dos estudantes influencia diretamente como eles interagem com o material didático. Portanto, os textos e recursos selecionados para o ensino de leitura devem refletir a diversidade cultural e social da sala de aula, promovendo uma aprendizagem mais inclusiva e representativa.

Em suma, o enfoque da leitura no livro didático, mediado pela transposição didática, deve ir além da simples transmissão de conteúdo. É necessário criar um ambiente de aprendizagem que valorize a multimodalidade, respeite a diversidade cultural e promova o engajamento ativo dos alunos.

Nessa direção, com a homologação da Base Nacional Comum Curricular — BNCC (Brasil, 2017), o sistema de ensino passou por inúmeras transformações, principalmente, na atualização, no alinhamento e na transposição didática nos livros didáticos. Em Língua Portuguesa, o eixo da leitura, por exemplo, precisou atender às novas demandas sociais, contemplando os textos multissemióticos.

Nesse contexto, analisamos, neste artigo, a proposta de transposição didática para a leitura dos textos multissemióticos como objeto de conhecimento em um livro didático de 6º ano (Ensino Fundamental) adotado na rede pública de Salvador (BA). Propomos analisar como a leitura é abordada no livro, verificando se atende às orientações teórico-metodológicas apresentadas na BNCC para o ensino da leitura tendo em vista a multissemiose.

2 LIVRO *NOVO SINGULAR & PLURAL – 6º. ANO* – EDITORA MODERNA

A partir da questão: como está sendo realizada a transposição didática (do eixo leitura) dos textos multissemióticos em um livro didático do 6º ano, apresentamos a análise de um livro que faz parte do Plano Nacional do Livro Didático (PNLD), adotado em escolas públicas de Salvador na Bahia.

Os critérios para a escolha do livro foram: ser de Língua Portuguesa; ter o selo do PNLD; destinado ao 6º ano do ensino fundamental; posterior à BNCC.

As categorias de análise foram:

Quadro 1 – Categorias de análise

Objetos de conhecimento	Habilidades	Campo de atuação
Efeitos de sentido	**(EF69LP05)** Inferir e justificar, em textos multissemióticos – tirinhas, charges, memes, *gifs* etc. –, o efeito de humor, ironia e/ou crítica pelo uso ambíguo de palavras, expressões ou imagens ambíguas, de clichês, de recursos iconográficos, de pontuação etc.	Campo jornalístico/midiático

Objetos de conhecimento	Habilidades	Campo de atuação
Estratégias e procedimentos de leitura	**(EF69LP33)** Articular o verbal com os esquemas, infográficos, imagens variadas etc. na (re)construção dos sentidos dos textos de divulgação científica e retextualizar do discursivo para o esquemático – infográfico, esquema, tabela, gráfico, ilustração etc. – e, ao contrário, transformar o conteúdo das tabelas, esquemas, infográficos, ilustrações etc. em texto discursivo, como forma de ampliar as possibilidades de compreensão desses textos e analisar as características das multissemioses e dos gêneros em questão.	Campo de atuação na vida pública
Relação do verbal com outras semioses	(EF69LP15) Reconhecer a natureza polissêmica e/ou multimodal de textos que circulam em diferentes mídias, considerando os modos como se articulam diferentes linguagens. (EF69LP15A) Analisar textos não verbais, como imagens, vídeos, charges, gráficos, músicas, esculturas, pinturas, histórias em quadrinhos, fotografias, mapas, infográficos, dentre outros, e considerar os efeitos de sentido decorrentes de sua articulação com os textos verbais em que estão inseridos, levando em conta seus contextos de produção e de circulação.	Todos os campos.

Objetos de conhecimento	Habilidades	Campo de atuação
Reconstrução da textualidade.	**(EF69LP48)** Interpretar, em poemas, efeitos produzidos pelo uso de recursos expressivos sonoros (estrofação, rimas, aliterações etc), semânticos (figuras de linguagem, por exemplo), gráfico espacial (distribuição da mancha gráfica no papel), imagens e sua relação com o texto verbal	Campo artístico-literário
Exploração da multissemiose	**(EF67LP08)** Identificar os efeitos de sentido devidos à escolha de imagens estáticas, sequenciação ou sobreposição de imagens, definição de figura/fundo, ângulo, profundidade e foco, cores/tonalidades, relação com o escrito (relações de reiteração, complementação ou oposição) etc. em notícias, reportagens, fotorreportagens, foto-denúncias, memes, *gifs*, anúncios publicitários e propagandas publicados em jornais, revistas, *sites* na internet etc.	Campo artístico-literário

Fonte: elaborado pelas autoras (2024).

Os objetos didáticos selecionados e as respectivas habilidades foram definidos por estabelecerem relação com o eixo da leitura e contemplar, em certa medida, os textos multissemióticos. Sobre isso, Dionísio (2008, p. 132) coloca que:

> Imagem e palavra mantêm uma relação cada vez mais próxima, cada vez mais integrada. Com o advento de novas tecnologias, com muita facilidade se criam novas imagens, novos layouts, bem como se divulgam tais criações para

> uma ampla audiência. Todos os recursos utilizados na construção dos gêneros textuais exercem uma função retórica na construção de sentidos dos textos. [...] Representação e imagens não são meramente formas de expressão para divulgação de informações, ou representações naturais, mas são, acima de tudo, textos especialmente construídos que revelam as nossas relações com a sociedade e com o que a sociedade representa.

Cabe lembrar que os textos multissemióticos utilizam diferentes modos de comunicação e linguagens para transmitir informações e significados. Além da linguagem verbal escrita, eles incorporam elementos visuais, sonoros, gestuais, imagéticos ou outros recursos para ampliar a expressão e a comunicação.

O livro escolhido para análise foi:

Figura 1 – Capa do livro

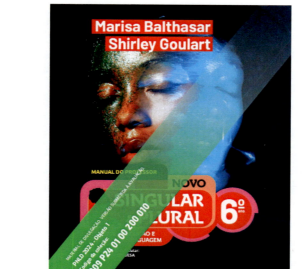

Fonte: acervo próprio (2024)

O livro em questão é das autoras Marisa Balthasar, Doutora em Letras (Teoria Literária e Literatura Comparada) pela Universidade de São Paulo, e Shirley Goulart, Mestra em Linguística Aplicada e Estudos da

Linguagem pela Pontifícia Universidade Católica de São Paulo, Licenciada em Letras pelas Faculdades Integradas Rui Barbosa (SP).

A obra está organizada em quatro unidades, com três capítulos, cada um priorizando frentes diferentes do ensino de Língua Portuguesa: Leitura e Produção, Práticas de Literatura, Estudos Linguísticos e Gramaticais. Apesar dessa forma de organização, as autoras propõem que o objetivo não é tratar leitura, produção textual, oralidade, análise linguística e semiótica de maneira estanque. Assim, cada capítulo prioriza um deles, mas sempre buscando estabelecer relações com os demais.

Segundo as professoras, essa divisão garante a liberdade do educador de escolher e explorar os capítulos na ordem em que se apresentam ou escolher outros caminhos a seguir, pois o professor precisa ter a capacidade de discernir quais são as necessidades da sua turma, quais são os objetivos a serem alcançados e em que ritmo.

No manual do professor, as autoras apresentam dois tópicos que dissertam sobre a leitura. O primeiro é "A leitura, a escuta e a produção de textos sob a perspectiva dos multiletramentos". Nesta parte, elas apresentam a perspectiva de linguagem adotada pela obra, que, assim como os Parâmetros Curriculares Nacionais — PCN (Brasil, 1999) e a BNCC (Brasil, 2017), assume a perspectiva enunciativo-discursiva. Assim, a linguagem é vista como uma forma de ação interindividual, que se dá por meio de um processo de interlocução que se materializa nas práticas sociais.

A obra assume o texto como centralidade, e é a partir dele que os conteúdos, as habilidades e os objetivos serão trabalhados e alcançados, considerando os diferentes campos sociais do uso da linguagem. Os textos/enunciados serão trabalhados e produzidos, envolvendo certos interlocutores, respeitando também a forma multimodal (com uso de diferentes linguagens e mídias).

As autoras do livro ainda destacam que o compromisso desse componente curricular é o de ampliar o conhecimento que os(as) estudantes têm dessas várias práticas, envolvendo os textos ao ponto de construírem sentidos na leitura nas mais variadas esferas (ou nos campos de atuação), principalmente, no que diz respeito as tecnologias digitais da informação e da comunicação (TDICs). Nesse contexto, configuram-se gêneros multissemióticos e multimidiáticos que envolvem linguagens diversas (linguísticas, visuais, corporais, sonoras), suportam diferentes mídias (impressa, radiofônica, televisiva, digital) para construir sentidos; e são multiculturais.

Sobre o eixo Leitura, as autoras o compreendem como práticas de linguagem que decorrem da interação ativa do leitor/ouvinte/espectador com os textos escritos, orais e multissemióticos e de sua interpretação, assim como o que é previsto na BNCC. Defendem ainda que a leitura deve ser trabalhada em seus diferentes objetivos: na fruição estética de textos e obras literárias; pesquisa e embasamento de trabalhos escolares e acadêmicos; realização de procedimentos; conhecimento, discussão e debate sobre temas sociais relevantes; sustentar a reivindicação de algo no contexto de atuação da vida pública. Assim, o livro didático assume práticas leitoras em que o aluno possa conseguir visualizar a articulação com as práticas de uso e reflexão sobre a língua.

A coleção apresenta um capítulo específico para o trabalho com a Leitura. Segundo as autoras, as atividades voltadas para a leitura de textos cumprem diferentes finalidades, como: ler/escutar para se posicionar em relação ao dito, para estudar o gênero do texto, para fruí-lo esteticamente; para saber mais sobre o tema abordado. Sendo assim, ao longo do processo os alunos terão a possibilidade de desenvolver capacidades de compreensão e de apreciação e réplica, bem como o aprendizado de procedimentos de leitura variados. As autoras pontuam que, mesmo tendo um capítulo só para a leitura, as capacidades de leitura são solicitadas nas aberturas dos capítulos, em que se convida o(a) estudante a ler e discutir textos multimodais (gráficos e infográficos, anúncios e cartazes publicitários, pôsteres, charges e ilustrações artísticas) que, em geral, favorecem a ativação do conhecimento prévio do(a) estudante.

3 ANÁLISE DA OBRA

No que diz respeito às categorias e habilidades listadas, trazemos alguns exemplos, apenas para ilustrar a análise realizada.

No objeto de conhecimento **"efeitos de sentido"** e a habilidade **EF69LP05 — Inferir e justificar, em textos multissemióticos** — tirinhas, charges, memes, *gifs* etc. —, o efeito de humor, ironia e/ou crítica pelo uso ambíguo de palavras, expressões ou imagens ambíguas, de clichês, de recursos iconográficos, de pontuação etc. — foram identificadas em 21 atividades.

Figura 2 – Efeitos de sentido

Fonte: Balthazar (2021, p. 22).

Essa atividade faz parte de uma sequência que abordará problemáticas relacionadas à esfera jornalística, como o risco de manipulação, o sensacionalismo e a questão da confiabilidade em tempos de *fake news*, além de explorar as características mais estáveis do gênero. A sugestão da obra é que essa atividade seja realizada coletivamente ou em duplas de trabalho, para posterior discussão coletiva. O cartum 1 faz uma crítica ao jornalismo sensacionalista, que explora as tragédias humanas em seus mínimos detalhes e insistentemente. O cartum 2 levanta o problema do fenômeno conhecido como *fake news*, caracterizado pela onda de informações falsas que circulam nas diferentes redes sociais na atualidade. Nesse cartum, embora seja feita referência à notícia sobre uma rede social alertar o internauta quanto a notícias falsas, a crítica é direcionada às pessoas em geral que disponibilizam conteúdos falsos em suas páginas de redes sociais.

Nos objetos de conhecimento "**estratégias e procedimentos de leitura e relação do verbal com outras semioses**" e da habilidade **EF69LP33** — Articular o verbal com os esquemas, infográficos, imagens variadas na (re)construção dos sentidos dos textos de divulgação científica e retextualizar do discursivo para o esquemático — infográfico, esquema, tabela, gráfico, ilustração etc. — e, ao contrário, transformar o conteúdo das tabelas, esquemas, infográficos, ilustrações etc. em texto discursivo, como forma de ampliar as possibilidades de compreensão desses textos e analisar as características das multissemioses e dos gêneros em questão, a obra os contempla em seis atividades.

Figura 3 – Estratégias e procedimentos de leitura

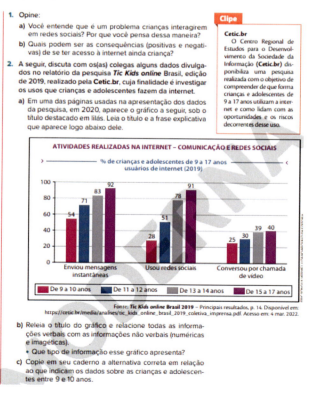

Fonte: Balthazar (2021, p. 194-202).

Nessa atividade, o livro orienta para uma possível conversa inicial a partir dos questionamentos levantados sobre o assunto, ou seja, a estratégia utilizada é a inferência. A leitura de gráficos fortalece a familiaridade com esse tipo de gênero que circula em outras esferas, além disso, o professor pode inserir outras discussões como o que é a porcentagem. A atividade solicita ainda a releitura do título do gráfico e a relação com as demais informações verbais com as informações não verbais (numéricas e imagéticas).

No objeto de conhecimento "**reconstrução da textualidade e compreensão dos efeitos de sentidos** provocados pelos usos de recursos linguísticos e multissemióticos e a habilidade EF69LP48 — Interpretar, em poemas, efeitos produzidos pelo uso de recursos expressivos sonoros (estrofação, rimas, aliterações etc), semânticos (figuras de linguagem, por exemplo), gráficoespacial (distribuição da mancha gráfica no papel), imagens e sua relação com o texto verbal, a obra apresenta oito atividades.

Figura 4 – Reconstrução da textualidade e compreensão dos efeitos de sentidos provocados pelos usos de recursos linguísticos e multissemióticos

Fonte: Balthazar (2021, p. 126).

Nessa atividade, é sugerido ao professor que leia o poema em voz alta de modo que os(as) estudantes possam compreender sonoramente a segmentação das palavras. É importante que chame a atenção para como o espaço em branco da página é usado na impressão das letras e para os aspectos semânticos e sonoros das palavras que compõem o poema.

Os alunos observarão como as letras que formam a palavra pétala foram dispostas em um movimento descendente, como se estivessem "caindo" pelo espaço do papel, o que se relaciona ao movimento de despetalar uma flor. A repetição sonora das palavras até, ela e pé, que estão em pétala e em despetalá-la, imprime um ritmo repetitivo ao poema que ajuda no efeito do movimento das pétalas caindo também sonoramente.

No objeto de conhecimento "**Efeitos de sentido Exploração da multissemiose**" e da habilidade **EF67LP08** — Identificar os efeitos de sentido devidos à escolha de imagens estáticas, sequenciação ou sobreposição de imagens, definição de figura/fundo, ângulo, profundidade e foco, cores/tonalidades, relação com o escrito (relações de reiteração, complementação ou oposição) etc. em notícias, reportagens, fotorreportagens, foto-denúncias, memes, *gifs*, anúncios publicitários e propagandas publicados em jornais, revistas, *sites* na internet etc., foram apresentadas dez atividades com a referenciada habilidade.

Figura 5 – Reconstrução da textualidade e compreensão dos efeitos de sentidos provocados pelos usos de recursos linguísticos e multissemióticos

Fonte: Balthazar (2021, p. 136).

O texto em questão é uma propaganda que, por sua vez, faz parte da esfera publicitária. Ela foi utilizada na abertura, e apresenta a campanha "Não engula o choro", desenvolvida pelo estado do Paraná, em 2018, cujo foco é o combate à violência contra a criança e o adolescente. O objetivo dessa atividade é o de justamente refletir sobre alguns aspectos da esfera publicitária, tais como: interesses e finalidades de quem é responsável por uma campanha, a noção de "campanha", circulação e recursos das diferentes linguagens na composição de diferentes peças publicitárias.

A partir das atividades analisadas, pode-se dizer que os alunos se deparam com uma diversidade de elementos que podem ser trabalhados e encontrados nas categorias. Entre eles:

Quadro 2 – Categorias e elementos contemplados com o trabalho com os textos multissemióticos

Categoria	Elementos	Aprendizagem
Efeitos de sentido	• Gêneros textuais • Tipo textual • Temas • Mensagens.	• Textos que circulam socialmente, com funcionalidades e estruturas diversas. • O tipo de texto (narrativo, descritivo, argumentativo etc.) pode influenciar como o leitor interpreta e responde ao conteúdo. • As ideias centrais do texto e as mensagens subjacentes podem provocar reflexão e discussão nos leitores.
Estratégias e procedimentos de leitura	• Antecipação • Inferência • Identificação de ideias, Recursos textuais • Consulta de recursos externos.	• Prever o que virá a seguir com base no contexto e nas pistas fornecidas pelo texto. • Compreender informações implícitas no texto através da análise de pistas contextuais.

Categoria	Elementos	Aprendizagem
		• Reconhecer as principais mensagens ou conceitos apresentados no texto, bem como os detalhes que os suportam. • Recorrer a dicionários, enciclopédias, glossários e outras fontes para esclarecer dúvidas ou aprofundar o entendimento sobre o conteúdo do texto.
Relação do verbal com outras semioses	• Imagens • Sons e músicas • Gestos e expressões • Códigos não-verbais.	• Compreender como o texto verbal interage e complementa imagens visuais, como em livros ilustrados, quadrinhos, ou até mesmo em anúncios publicitários. • Observar como o texto verbal pode ser combinado com elementos sonoros, como em letras de música ou diálogos em programas de rádio ou podcasts. • Analisar como o texto verbal é enriquecido e complementado por gestos e expressões faciais em situações de comunicação face a face, como em apresentações ou conversas. • Entender como o texto verbal se relaciona com códigos não-verbais, como símbolos, gestos, ícones, entre outros, em contextos de comunicação visual.

Categoria	Elementos	Aprendizagem
Reconstrução da textualidade	• Coerência • Coesão • Intertextualidade • Registro linguístico.	• Compreender à lógica interna do texto, ou seja, a conexão e harmonia entre as ideias, informações e argumentos apresentados. Um texto coerente é aquele em que todas as partes se relacionam de forma clara e lógica. • Analisar e aplicar recursos linguísticos utilizados para garantir a fluidez e a continuidade do texto. Isso inclui o uso adequado de pronomes, conjunções, conectores e outros dispositivos que conectam as diferentes partes do texto. • Compreender e identificar as relações que um texto estabelece com outros textos, sejam eles explícitos ou implícitos. A intertextualidade pode ocorrer por meio de citações diretas, referências indiretas, alusões ou paródias. • Identificar o conjunto de escolhas linguísticas feitas pelo autor, como vocabulário, estilo, tom e nível de formalidade. O registro linguístico pode variar de acordo com o público-alvo e o contexto de comunicação.
Exploração da multissemiose	• Texto verbal • Texto visual • Texto espacial • Interconexão entre modalidades	• Analisar, compreender e produzir diferentes textos verbais.

Categoria	Elementos	Aprendizagem
	• Integração de elementos, contexto de produção • Intertextualidade	• Analisar elementos visuais como imagens, gráficos, fotografias, símbolos e cores são usados para complementar ou ampliar o significado do texto verbal. • Analisar a disposição e organização física dos elementos textuais e visuais em uma página ou em um espaço físico podem transmitir significado e influenciar a interpretação. • Compreender como diferentes modalidades semióticas interagem e se complementam é crucial na compreensão do texto multimodal. Por exemplo, como as imagens refletem ou contradizem o texto verbal, ou como a música se relaciona com as imagens em um filme. • Considerar o contexto em que o texto multimodal foi produzido e como ele é recebido pelo público-alvo é importante para entender completamente sua significação e eficácia comunicativa. • A relação entre o texto multimodal e outras obras ou mídias é relevante para entender como ele se insere em um contexto cultural mais amplo e como ele pode fazer referência a outras obras ou formas de expressão.

Fonte: elaboração própria (2023).

No que diz respeito às relações entre as atividades, é possível dizer que contemplam diversas estratégias de leitura apresentadas por Solé (1998), uma vez que os professores e os estudantes se depararão com atividades que exigem a compreensão e a interpretação de textos de forma mais eficiente e significativa. Assim, em todas as obras, os educandos terão que trabalhar com antecipação, uma vez que eles precisarão mobilizar conhecimentos prévios e pistas do texto para fazer previsões sobre o conteúdo. Isso implica ainda inferência, ou seja, nas possíveis conclusões ou deduções com base nas informações explícitas e implícitas do texto que poderão ser confirmadas ou não após a leitura.

Em muitas atividades os alunos são mobilizados a identificarem de ideias principais e centrais dos textos, identificando os pontos essenciais para a compreensão global, isso é possível com a retomada de trechos para rever informações importantes ou fazer conexões. O livro se ampara, principalmente, no levantamento de questionamentos, ou seja, por perguntas sobre o texto para estimular a reflexão. Outras atividades incidem em identificar palavras-chave e os termos essenciais no texto para identificar tópicos ou conceitos importantes. Em outros momentos, os estudantes ainda parafraseiam trechos do texto ou resumem o conteúdo. Desse modo, os alunos e os educadores monitoram a compreensão do texto.

Outra atividade muito recorrente é o uso de recursos externos, quando são acessadas outras fontes como os dicionários para trabalhar com significado de palavras desconhecidas. Isso tudo implica desenvolver uma leitura mais crítica, ativa e reflexiva. Assim, é possível dizer que as estratégias de leitura são fundamentais para a construção do conhecimento e a compreensão leitora (Solé, 1998).

Todos os elementos listados permitem aos alunos se depararem com o reconhecimento dos elementos contemplados no trabalho com textos multissemióticos, sendo esses fundamentais para o desenvolvimento de habilidades de leitura crítica, interpretação e produção de sentido.

O trabalho com textos multissemióticos permite aos alunos integrar conhecimentos de diferentes áreas, como linguagem, arte, mídia e tecnologia. Eles podem aplicar conceitos de literatura, história, arte e ciências sociais para entender como os elementos multissemióticos são usados para construir significado em textos complexos.

Desse modo, o livro em questão coaduna com o que é previsto na BNCC, uma vez que as atividades têm a intenção de desenvolver nos alunos a capacidade de reconhecer e trabalhar com textos multissemióticos.

4 CONSIDERAÇÕES

No que diz respeito à análise do livro *Novo Singular e Plural*, pudemos verificar que apresenta uma diversidade de gêneros e atende ao que está previsto na BNCC. Desse modo, as atividades contemplam o ideal de leitura crítica e reflexiva, sendo colocada como uma prática ao ponto de compreender o mundo, formar opiniões fundamentadas e questionar diferentes pontos de vista. A valorização da diversidade textual proporciona aos estudantes conhecerem estilos e mídias diversas, para que eles possam desenvolver a habilidade de ler e compreender distintas formas de comunicação, incluindo a integração e articulação entre as diferentes linguagens (verbal, visual, digital etc.), ao ponto de compreender a multimodalidade presente nos textos contemporâneos. Isso demonstra ainda que a leitura é uma prática que vai além do espaço escolar. O livro apresenta no manual do professor ainda diversas estratégias e técnicas que facilitam a compreensão de textos, como a inferência, a antecipação, a retomada, entre outras.

No livro *Novo Singular e Plural*, a leitura dos textos enfatiza a interação ativa do leitor com o texto, a construção de inferências e a compreensão crítica, por meio de atividades que se concretizam no social, influenciadas pelo contexto cultural. Ainda, destaca a interação social na construção de significados, considerando o papel do leitor, do autor e do contexto. Aborda textos de forma crítica, considerando perspectivas sociais e culturais. Além disso, contempla de maneira mais enfática a abordagem multimodal, pois a obra reconhece a diversidade de modos de comunicação, incluindo texto, imagem, som etc. Envolve a interpretação de diferentes tipos de mídia e a compreensão de textos multimodais.

O trabalho com os textos multissemióticos permite ao estudante interagir com inúmeros recursos: visuais, gráficos, vídeos ou outras mídias, pois a ideia é a de justamente enriquecer a experiência de leitura e facilitar a compreensão dos conteúdos e o desenvolvimento das competências e habilidades desse eixo. A partir da análise realizada, podemos afirmar que, quando bem planejado, o livro didático enriquece a experiência de aprendizagem.

REFERÊNCIAS

BALTHAZAR, M.; GOULART, S. **Novo Singular & Plural, produção, e estudos de linguagem**: 6º ano: manual do professor. Marisa Balthasar, Shirley Goulart. 1 ed. São Paulo: Moderna, 2021.

BRASIL. **Base Nacional Comum Curricular**. Brasília: MEC/SEB, 2017. Disponível em: http://basenacionalcomum.mec.gov.br/wp-content/uploads/2018/02/bncc-20dez-site.pdf Acesso em 10 jul. 2021.

BRASIL. **Parâmetros Curriculares Nacionais**: terceiro e quarto ciclos: Língua Portuguesa. Brasília: MECSEF, 1999.

DIONISIO, Â. P. Gêneros multimodais e multiletramento. *In*: KARWOSKI, Acir Mário *et al.* (org.). **Gêneros textuais**: reflexão e ensino. 3. ed. Rio de Janeiro: Nova Fronteira, 2008.

KRESS, G.; VAN LEEUWEN, T. Semiótica visual: como as imagens significam. 2. ed. São Paulo: Martins Fontes, 2006.

OLIVEN, R. G. **Cultura brasileira e identidade nacional**. 2. ed. São Paulo: Editora da Universidade de São Paulo, 2005.

SOLÉ, I. **Estratégias de leitura**. Porto Alegre: Artes médicas, 1998.

ABORDAGEM ECOCOGNITIVA DOS CONCEITOS

Paulo Henrique Duque

1 INTRODUÇÃO

Em resposta às limitações da teoria clássica dos conceitos, que se baseava em definições rígidas e categorias estáticas, Eleanor Rosch (1973) propôs a teoria do protótipo, revolucionando a compreensão da formação de conceitos. A teoria do protótipo sugere que os conceitos são organizados em torno de representações abstratas, os protótipos, que possuem as características mais típicas da categoria.

Embora essa abordagem tenha representado um avanço significativo, ela também enfrenta desafios, particularmente na combinação de conceitos para formar novas categorias (Murphy, 2002). Este estudo apresenta e explora a abordagem ecocognitiva da formação de conceitos, uma perspectiva inovadora que se fundamenta nos princípios da cognição 4E[17].

A cognição corporificada (*embodied cognition*) enfatiza o papel do corpo e suas interações com o mundo na formação do pensamento e da experiência (Gallagher, 2018). A cognição situada (*embedded cognition*) destaca a importância do contexto ambiental e social na moldagem dos processos cognitivos (Clark, 1997). A cognição enativa (*enactive cognition*) ressalta a natureza interativa e dinâmica da cognição, que emerge do acoplamento organismo-ambiente (Varela *et al.*, 1991). A cognição estendida (*extended cognition*) reconhece que a mente não está confinada ao cérebro, mas se estende para o mundo externo por meio de ferramentas, tecnologias e outros recursos (Clark; Chalmers, 1998). Essa abordagem multidimensional postula que a cognição é um processo dinâmico e situado, moldado pela interação contínua entre o organismo, o ambiente, a ação e a experiência (Newen *et al.*, 2018).

A abordagem ecocognitiva incorpora a teoria *State Context Property* (Scop), proposta por Aerts e Gabora em 2005. Segundo essa teoria, os conceitos são dinâmicos e podem existir em diferentes estados de potencialidade, que são atualizados pelo contexto. Isso significa que os conceitos não são fixos, mas estruturas flexíveis que mudam conforme o contexto. Essa flexibilidade permite modelar de maneira mais precisa como os conceitos

---

[17] A sigla "4E" refere-se aos quatro termos que iniciam com a letra "E" em inglês: Embodied, Embedded, Enactive e Extended. Para uma discussão mais aprofundada sobre a cognição 4E, ver Newen et al. (2018).

se transformam e combinam, refletindo a natureza adaptativa e dinâmica da cognição humana. Essa perspectiva reconhece que a cognição não é um processo isolado, mas está profundamente enraizada e influenciada pelo ambiente e contexto em que ocorre.

Em termos mais específicos, este trabalho busca demonstrar como a abordagem ecocognitiva dos conceitos representa um avanço fundamental na compreensão da cognição humana. Ao integrar a dinâmica do ambiente nas explicações sobre a formação e utilização dos conceitos, essa perspectiva abre novas e promissoras possibilidades para a pesquisa e aplicação prática em diversas áreas, desde a neurociência e a psicologia cognitiva até a robótica e a inteligência artificial, impactando nossa compreensão da mente e do comportamento humano (Newen *et al.*, 2018).

2 O SISTEMA ORGANISMO-AMBIENTE

A capacidade de interagir de forma eficiente e adaptativa com o ambiente é uma característica fundamental dos seres vivos, que permite a sobrevivência e a prosperidade em um mundo em constante mudança. Essa interação contínua e dinâmica envolve uma complexa rede de processos cognitivos e comportamentais que permitem aos organismos responderem de forma adequada às demandas ambientais.

Um aspecto central dessa capacidade é o controle da ação. O controle da ação não se refere apenas à execução de movimentos em tempo real, mas também ao planejamento antecipado de ações futuras. Isso envolve uma série de processos ecocognitivos, incluindo a percepção-ação, a tomada de decisões, a formulação de um plano de ação e, finalmente, a execução desse plano por meio do movimento físico.

Pesquisas de Bernstein (1967) e Bingham (1988) fornecem um arcabouço teórico para a compreensão da interação organismo-ambiente com base na noção de Sistemas Adaptativos Complexos. Nesses sistemas, a multiplicidade de elementos interconectados nos sistemas de ação e de percepção de um organismo produz comportamentos que se modificam *online* em resposta ao ambiente. A complexidade reside na interconexão dos componentes dos sistemas e na interação com o ambiente físico e social, definindo o organismo[18] pela dinâmica entre seus sistemas de ação e percepção.

---

[18] Em cognição ecológica, "organismo" é qualquer ser vivo que interage ativamente com o seu ambiente, moldando e sendo moldado por ele. Isso inclui humanos, animais, plantas e microrganismos.

Segundo Gibson (1979), o organismo identifica ações possíveis ao discernir padrões de energia no campo perceptual, que resultam da interação de luz e som com o ambiente. Esses padrões variam conforme as propriedades físicas das superfícies e da energia radiante, fornecendo informações ecológicas que ajudam o organismo a entender o ambiente e a identificar ações possíveis, conhecidas como *affordances*. A percepção desses padrões orienta as ações do organismo.

O Sistema de Percepção Humano (SPH) capta essas informações ecológicas, enquanto o Sistema de Ação Humano (SAH) utiliza mecanismos internos para realizar movimentos como deslocar-se e manipular objetos. O SAH inclui os sistemas musculoesquelético, nervoso, circulatório e articular. Controlar esses sistemas e interagir com o ambiente apresenta desafios significativos. Bernstein (1967) questionou como o sistema nervoso controla o grande número de graus de liberdade no movimento humano, propondo que o sistema nervoso utiliza unidades de ação para coordenar movimentos, reduzindo os graus de liberdade e simplificando o controle motor. Essas unidades de ação ou sinergias permitiriam ao sistema nervoso controlar efetivamente o movimento, apesar da complexidade inerente aos muitos graus de liberdade.

Embora a hipótese das sinergias de Bernstein tenha sido útil, ela representa desafio na coordenação de muitas variáveis. Para abordar esses desafios, Bingham (1988) propôs a teoria dos Dispositivos Específicos para Tarefas (DETs)[19], defendendo que os organismos lidam com tarefas específicas por meio de sistemas adaptados para dinâmicas particulares. Esses dispositivos são facilmente controlados pelo sistema nervoso, permitindo adaptação às mudanças nas tarefas. A teoria dos DETs propõe que a cognição é um sistema dinâmico de percepção-ação, interagindo com o ambiente em tempo real. A formação de DETs é uma resposta rápida do sistema nervoso, organizando-se para atender às demandas da tarefa, sem depender de representações preexistentes.

A experiência molda a organização do sistema percepção-ação em resposta a informações relevantes para a tarefa. Schmidt (1993) propôs que, ao aprender movimentos, desenvolvemos um padrão emergente de organização do SAH, que se refina com a prática. Esse padrão não é uma entidade mental, mas uma adaptação ao ambiente. Os DETs representam a capacidade do sistema percepção-ação de se auto-organizar e se

---
[19] Task Specific Devices (TSDs) (Bingham, 1988).

adaptar a tarefas específicas, emergindo da interação dinâmica entre as características do organismo e as dinâmicas ambientais.

Por exemplo, um jogador de tênis não armazena um programa motor fixo para sacar, mas desenvolve um padrão de organização adaptável às condições específicas de cada saque. Os DETs permitem o controle da ação em tempo real, ajustando-se continuamente às informações ecológicas. Entretanto, a capacidade de planejamento exige estruturas cerebrais *offline* que possibilitam a simulação e previsão de ações futuras, ao se integrarem com os DETs dinâmicos. Golonka e Wilson (2019) argumentam que esses mecanismos *offline* são padrões de atividade neural emergentes da interação contínua com informações ecológicas. Esses mecanismos permitem a simulação, a previsão e o planejamento ao reativar a atividade neural associada a informações previamente processadas, proporcionando uma base robusta para a tomada de decisões complexas.

2.1 CONTROLE DA AÇÃO *OFFLINE*

O controle da ação *offline*, conforme Golonka e Wilson (2019), envolve a capacidade de planejar e simular ações antes de sua execução real, utilizando processos cognitivos que antecipam e organizam movimentos futuros. No entanto, em vez de acessar DETs armazenados na memória como representações fixas, a mente reativa padrões de atividade neural associados a informações ecológicas relevantes.

Por exemplo, ao se deparar com um portão com uma placa contendo "Cuidado! Cão Feroz", a pessoa não acessa um DET predefinido, mas sim reativa um padrão de atividade neural que foi moldado por experiências passadas com cães perigosos. Essa reativação permite simular mentalmente a ação de evitar o cão e planejar suas ações futuras, mesmo sem a presença física do animal. Isso ilustra como o controle da ação *offline* permite comportamentos funcionais em relação a objetos ou eventos não presentes no ambiente imediato.

Ademais, a seleção de ações é um componente essencial desse processo. A seleção de ações envolve a escolha de qual ação executar entre uma variedade de possíveis ações. No caso da placa "Cuidado! Cão Feroz", a informação ecológica projetada pelo aviso desencadeia a reativação de padrões neurais que, por sua vez, influenciam a seleção de ações relacionadas a evitar o perigo potencial, como não abrir o portão.

Na abordagem ecológica, a ideia de que nada precisa ser armazenado no cérebro é um equívoco comum. Embora a ênfase seja na interação dinâmica em tempo real entre o organismo e o ambiente, isso não exclui a importância da experiência passada e das mudanças neurais que ela causa. A experiência passada, como a prática de uma habilidade, deixa uma marca no sistema nervoso. Essa marca não é uma representação mental tradicional, mas sim uma mudança na organização do sistema percepção-ação. Tal mudança permite que o organismo reative padrões de atividade neural relevantes para tarefas específicas quando se depara com informações ecológicas semelhantes no futuro. Em outras palavras, a experiência passada não é "armazenada" como uma entidade discreta, mas sim incorporada na própria estrutura e funcionamento do SAH. Além disso, o organismo responde de forma mais eficiente e adaptada a situações semelhantes no futuro, sem a necessidade de acessar representações mentais explícitas.

3 PADRÕES DINÂMICOS DE ATIVIDADE NEURAL (ESQUEMAS)

Os DETs, formados por meio da interação direta com o ambiente, moldam a maneira como o sistema percepção-ação se organiza em resposta a informações relevantes para a tarefa. Essa organização, que pode ser compreendida como um esquema[20], se torna mais refinada e especializada com a experiência repetida em tarefas semelhantes.

Por exemplo, DETs desenvolvidos para navegar por trajetos específicos podem levar a uma maior sensibilidade a padrões de fluxo óptico e informações espaciais relevantes para a navegação, refinando o esquema neural de navegação (ou TRAJETÓRIA[21]). Da mesma forma, DETs criados para colocar objetos dentro de recipientes específicos podem levar a um refinamento da percepção de *affordances* relacionadas à contenção e ao encaixe, o que por sua vez refina o esquema neural de encaixe (DENTRO DE).

Assim, DETs que são frequentemente utilizados durante o controle da ação *online* podem levar ao desenvolvimento de padrões neurais mais estáveis e específicos para tarefas. Esses esquemas, que consistem em padrões de atividade neural moldados pela experiência, podem ser

---

[20] Nesta abordagem, um esquema é um padrão dinâmico de atividade neural que emerge da interação organismo-ambiente e se adapta a tarefas específicas.

[21] Para uniformizar as notações adotadas no artigo, conceitos, esquemas e frames são grafados em versalete; componentes de conceitos são grafados em itálico.

reativados em situações semelhantes, mesmo na ausência da informação ecológica imediata, e influenciar o planejamento e a simulação de ações futuras durante o controle da ação *offline*.

Esses esquemas, moldados pela experiência e reativados em contextos relevantes, podem ser combinados e recombinados para formar organizações mais complexas. Essas organizações, por sua vez, podem ser utilizadas para gerar simulações mentais e planejar ações futuras, demonstrando a capacidade do sistema percepção-ação de gerar comportamentos flexíveis e adaptativos a partir de interações básicas com o ambiente.

Os primitivos cognitivos são unidades básicas de conhecimento formadas a partir de interações com o ambiente. Eles representam conceitos simples e universais, como DENTRO, FORA, ACIMA e ABAIXO, que são essenciais para a nossa compreensão do mundo. Por outro lado, os esquemas são padrões mais complexos de atividade neural que organizam e estruturam esses primitivos cognitivos em padrões significativos, permitindo-nos interpretar e interagir com o ambiente de maneira eficaz.

Os primitivos cognitivos são as primeiras estruturas conceituais formadas na infância, atuando como elementos fundacionais para a construção do conhecimento (Mandler; Cánovas, 2014). A relevância desses primitivos reside na sua universalidade e na sua capacidade de formar a base de esquemas mais complexos.

Esses primitivos emergem das experiências diretas dos organismos no ambiente e são compartilhados por toda a espécie humana devido à similaridade das experiências corporais. Por exemplo, ao sentar-se em diferentes superfícies (cadeira, banco, chão), o sistema nervoso constrói um DET com ênfase em suporte e estabilidade, formando primitivos cognitivos que encapsulam as propriedades essenciais do ato de sentar-se, como SUPORTE e EQUILÍBRIO. A plasticidade neural, ou seja, a capacidade do cérebro de modificar suas conexões em resposta à experiência, é fundamental para a formação e o refinamento desses esquemas.

De acordo com Mandler e Cánovas (2014), os primitivos espaciais são componentes essenciais para a construção da mente conceptual, permitindo que os bebês simulem percepções na ausência destas, facilitando a recordação de eventos e a realização de inferências. A construção de esquemas a partir de primitivos espaciais permite que os bebês compreendam e se lembrem de eventos sem a sobrecarga de detalhes, formando uma estrutura básica que pode ser usada para compreender eventos complexos mais tarde.

Esquemas são padrões abstratos de atividade neural que se originam de nossas experiências básicas com o mundo, particularmente daquelas que envolvem nossos sentidos e movimentos. Lakoff (1987) e Johnson (1987) propuseram que esses esquemas são estruturas dinâmicas, enraizadas em nossas experiências corporais, que desempenham um papel fundamental na formação de conceitos abstratos.

Esquemas mais imagéticos tendem a estar mais próximos das experiências sensoriais e perceptivas concretas. Por exemplo, TEMPERATURA pode ser considerado um esquema altamente imagético porque está intimamente ligado às nossas experiências sensoriais de calor e frio. Por sua vez, esquemas menos imagéticos são menos vinculados a uma experiência sensorial direta, como o esquema TRANSITIVIDADE, que encapsula uma relação abstrata entre um agente e um paciente.

Os esquemas são como "histórias espaciais simples[22]", formadas pela combinação de primitivos espaciais (Mandler; Cánovas, 2014, p. 510). Essa definição ressalta a ideia de que os esquemas são estruturas cognitivas básicas que emergem muito cedo na infância e são fundamentais para a compreensão do espaço e das relações espaciais.

Para Szwedek (2019), os esquemas relacionados a objetos físicos — que possuem densidade, forma e limites percebíveis — constituem a estrutura mental primária dos esquemas de imagem

O arranjo e a relação espacial entre os componentes de um esquema de imagem facilitam a formação de conceitos mais complexos a partir de conceitos mais simples. Essa base topológica, composta de primitivos espaciais, nos permite entender e representar tanto conceitos de elementos físicos quanto abstratos, como a estrutura de uma casa ou a organização da sociedade.

Em CASA, por exemplo, a base topológica de CONTÊINER nos permite entender a casa como um espaço delimitado, com um interior e um exterior. As portas e janelas funcionam como portais que conectam esses dois espaços, enquanto as paredes servem como limites. As margens da sociedade podem ser vistas como os limites que definem quem faz parte dela e quem está "do lado de fora". Os portais podem ser entendidos

---

[22] "schemas are simple spatial stories" (Mandler; Cánovas, 2014, p. 510).

como os pontos de acesso ou transição para diferentes posições sociais ou espaços culturais. As partes da sociedade podem ser vistas como diferentes grupos ou classes sociais, enquanto a configuração pode se referir à estrutura organizacional da sociedade. Os cidadãos são o conteúdo da sociedade, e o centro pode ser visto como as instituições centrais de poder ou influência, com a periferia representando as áreas marginalizadas ou menos influentes.

Esquemas são ferramentas cognitivas poderosas que nos permitem simular e compreender o mundo ao nosso redor. Eles são a base para a construção de significados e para a nossa capacidade de fazer analogias entre diferentes domínios de experiência. Ao ativar esses esquemas, somos capazes de estruturar nosso conhecimento e nossa linguagem de modo a capturar a complexidade do mundo.

4 ENQUADRAMENTO SOCIAL E CULTURAL: FRAMES

Desde o momento em que respiramos pela primeira vez, somos imersos em práticas socioculturais que moldam nossa percepção da realidade e a forma como interagimos com o mundo. Tomasello (2000) enfatiza a importância crucial da interação social no desenvolvimento humano, argumentando que a aprendizagem e a construção do conhecimento ocorrem principalmente por meio da participação em atividades compartilhadas com outros indivíduos. Desde a infância, somos introduzidos em jogos de linguagem e formas de vida que moldam nossos esquemas e a forma como percebemos e interagimos com o mundo. Por meio da participação ativa nesses jogos, a criança desenvolve esquemas complexos moldados por práticas e interações sociais de sua comunidade.

Para compreender a natureza do contexto social e cultural sob a ótica ecocognitiva, é relevante considerar a perspectiva de Wittgenstein sobre os jogos de linguagem. Wittgenstein (1953) propôs que o significado das palavras deriva de seu uso em contextos sociais específicos, onde a linguagem se entrelaça com as práticas diárias das comunidades. Dessa forma, esquemas são ativados e refinados dentro dos jogos de linguagem, moldados pelas práticas e interações sociais de uma comunidade particular. Uma vez integrados, os esquemas emprestam sua base topológica para a emulação de conceitos e visões de mundo em situações reais de interação social, conferindo-lhes flexibilidade e dinamismo.

As noções de jogos de linguagem e formas de vida correspondem ao que chamamos de contexto porque ambas dizem respeito ao ambiente social e cultural em que a linguagem é usada, onde as interações ocorrem e os conceitos são evocados, construídos e reconstruídos. Wittgenstein afirma que o significado das palavras não está fixo em definições estáticas, mas é derivado do seu uso em situações específicas dentro de uma comunidade.

Jogos de linguagem são as diversas maneiras como a linguagem é utilizada nas práticas cotidianas, desde dar ordens até descrever objetos. Os jogos refletem e são moldados pelas formas de vida, que englobam os hábitos, tradições e modos de ser de uma comunidade. Assim, entender um jogo de linguagem implica entender o contexto cultural e social em que ele se insere, o que Wittgenstein chama de "forma de vida". As formas de vida são os contextos amplos nos quais os jogos de linguagem acontecem. Elas representam os padrões culturais e sociais que dão significado e estruturam o uso da linguagem. Sem o contexto fornecido pelas formas de vida, os jogos de linguagem não poderiam ser compreendidos ou realizados adequadamente.

A importância dos jogos de linguagem na formação de categorias e na adaptação a novos contextos sociais e culturais é salientada por Duque (2022), que evidencia a versatilidade da linguagem e das estruturas cognitivas modeladas durante a execução de um jogo. Nos primeiros jogos de linguagem, por exemplo, a nomeação e a descrição de objetos ajudam a criança a aprender palavras, a identificar e segmentar coisas no ambiente e a categorizar experiências diárias, dentro de formas de vida cotidianas. Ao investigar como crianças utilizam jogos de linguagem para assimilar e internalizar estruturas linguísticas e sociais, Batista (2023) apresenta evidências de que o desenvolvimento da habilidade de integrar e evocar esquemas por meio do uso de sinais verbais e não verbais depende do reconhecimento dos jogos de linguagem em curso e da negociação contínua das regras desses jogos.

De acordo com Duque (2022), cada jogo de linguagem tem suas próprias regras, mas essas regras são dinâmicas e adaptáveis às práticas sociais vigentes de uma dada comunidade. Devido a essa flexibilidade, as regras de um jogo de linguagem precisam ser estabelecidas e reforçadas durante o próprio jogo, à medida que os participantes interagem e se comunicam em um contexto social específico. Em especial, no período crítico de aquisição, por meio dos jogos de linguagem mais simples e específicos, crianças são orientadas sobre o que e como perceber, ordenar e atribuir significados aos objetos de seu entorno. Para o autor, por meio de interações sociais mais básicas, desenvolvem estratégias cognitivas que provocam mudanças na forma de compreender seu entorno.

Uma dessas estratégias é a de organizar as experiências em categorias. Essa capacidade de organizarmos conceptualmente o mundo por meio da categorização é desenvolvida pela execução recorrente de jogos de discriminação, de ação, de identificação, postura e movimento e de descrição de evento. Além de serem responsáveis diretos pelo desenvolvimento inicial da capacidade de categorizar o mundo dentro de uma dada cultura, esses jogos de linguagem integram a etapa de produção e análise de jogos de linguagem mais complexos, como, por exemplo, o planejamento de uma viagem de férias em família.

É crucial, no entanto, distinguir a noção de jogo de linguagem de interação linguística. Participar de um jogo de linguagem implica o domínio de práticas culturais, comportamentos, visões de mundo e estilos de vida de uma comunidade, ou formas de vida. Nesse complexo sistema, pistas verbais e não verbais são utilizadas para evocar, combinar e fundir esquemas, ressaltando a relevância do contexto social e cultural nos processos cognitivos relacionados à formação de conceitos.

A existência de múltiplas formas de vida dentro da forma de vida humana geral é destacada por Beristain (2019), em diferentes línguas e práticas culturais. A autora enfatiza que a linguagem é uma entidade dinâmica, sujeita a mudanças conforme as regras do jogo, as experiências e as narrativas humanas, enfatizando o vínculo intrínseco entre a linguagem e as práticas sociais dos membros de uma comunidade. A dinâmica das formas de vida em que os jogos se desenrolam implica uma evolução e adaptação constante das regras.

Essa perspectiva é reforçada por Steels (2016), que considera a linguagem como um sistema culturalmente evolutivo, em que as pressões seletivas buscam maximizar o sucesso comunicativo e minimizar o esforço cognitivo. Steels (2016) sugere que a evolução da linguagem é um processo adaptativo contínuo que atende às demandas comunicativas dos indivíduos dentro de jogos de linguagem. Essa perspectiva enfatiza a necessidade de entender a linguagem como um fenômeno dinâmico e em constante transformação, influenciado pelas práticas sociais e culturais.

4.1 ENQUADRAMENTO CULTURAL POR MEIO DE INTEGRAÇÃO DE ESQUEMAS

A combinação de esquemas é o principal mecanismo ecocognitivo de modelagem de conceitos. Tal mecanismo permite aos humanos compreenderem e organizarem suas experiências em eventos e roteiros abrangentes e organizados. De acordo com Hedblom *et al*. (2016), esquemas são como blocos de construção que viabilizam compreensões mais detalhadas do mundo. No entanto, essa combinação de esquemas não é aleatória; ela é determinada pelas formas de vida e pelos jogos de linguagem de uma dada comunidade.

Por exemplo, o conceito de VIAGEM combina vários esquemas: o esquema ORIGEM-CAMINHO-META, em que há um ponto de partida (origem), um percurso a ser seguido (caminho) e um destino final (meta); o esquema TRAJETOR-MARCO, em que o viajante é o trajetor que se situa em relação a pontos de referência específicos (marcos); o esquema CONTÊINER, no qual o meio de transporte (avião, carro, trem), o aeroporto, o hotel etc., são vistos como espaços que contêm pessoas e objetos; e o esquema de DINÂMICAS DE FORÇA (Talmy, 1988), representado pela energia necessária para iniciar e sustentar a viagem. Esses esquemas combinados formam uma compreensão mais rica e multifacetada do conceito de VIAGEM, permitindo que as pessoas possam interpretar e comunicar a experiência de viajar de forma lógica e coerente em uma dada cultura.

Em uma cultura nômade, como a dos beduínos do deserto do Saara, a configuração de VIAGEM seria outra. Nesse contexto, o esquema ORIGEM-CAMINHO-META pode ser combinado com o esquema CICLO, refletindo a natureza nômade de sua vida. A origem e o destino podem ser menos fixos, pois a comunidade se move de acordo com as estações e a disponibilidade de recursos. O esquema TRAJETOR-MARCO pode ser orientado por características naturais, como formações rochosas ou corpos d'água, em vez de marcos artificiais. Os marcos podem mudar de ano para ano, refletindo as mudanças no ambiente do deserto. O esquema de COLEÇÃO pode ser particularmente relevante, porque os beduínos se movem como um grupo coletivo pelo deserto. Cada membro da comunidade tem um papel a desempenhar, contribuindo para o bem-estar e a sobrevivência do grupo como um todo. O esquema LIGAÇÃO é crucial, porque os laços sociais e familiares são de extrema importância em uma cultura nômade. Esses vínculos não apenas unem o grupo, mas também são essenciais para a sobrevivência em um ambiente desafiador como o deserto. Por outro lado, o esquema CONTÊINER pode ser menos enfatizado, porque os beduínos não vivem em assentamentos permanentes, mas sim em tendas que podem ser montadas e desmontadas conforme a tribo se move pelo deserto. O esquema de FORÇA pode estar mais relacionado à resistência física e à habilidade de sobreviver em condições difíceis, em vez de à energia necessária para dirigir um carro ou pegar um voo.

Na perspectiva de Hedblom *et al.* (2016), esquemas são como peças de um quebra-cabeça que, quando combinadas, criam uma imagem mais completa e detalhada da realidade. Acrescento que a maneira de se combinarem as peças é determinada por crenças, valores, costumes, atividades e práticas compartilhadas pelas pessoas dentro de suas comunidades. Hedblom *et al.* (2019) identificam três mecanismos de combinação de esquemas: fusão, coleção e sequenciação.

A fusão acontece quando diferentes esquemas se combinam para formar um novo esquema com sua própria estrutura topológica. É como criar uma peça a partir da combinação de várias peças existentes. Por exemplo, a integração dos esquemas ORIGEM-CAMINHO-META, TRAJETOR-MARCO e CONTÊINER resulta nos esquemas de eventos ENTRAR e SAIR. Esses novos esquemas não são apenas a soma dos componentes originais, mas representam eventos específicos com suas próprias características. O esquema de evento emerge da unificação de componentes das bases topológicas dos esquemas. O componente *marco,* do esquema TRAJETOR-MARCO se unifica com o componente *meta* do esquema ORIGEM-CAMINHO-META e com o componente *interior* do esquema CONTÊINER (*marco* ↔ *meta* ↔ *interior*[23]). O componente *origem* do esquema ORIGEM-CAMINHO-META, por sua vez, se unifica com o componente *exterior* do esquema CONTÊINER (*origem*↔*exterior*). Na formação do esquema de evento SAIR DE, os mesmos esquemas seriam evocados, mas um conjunto diferente de vinculações seriam necessários: *marco* ↔ *meta* ↔ *exterior* e *origem*↔*interior*.

Cumpre esclarecer que um esquema de evento é definido como uma transição entre dois estados discretos: um estado inicial e um estado final. O termo "estado", neste contexto, denota a condição específica de um objeto ou entidade em um determinado instante temporal, antes ou após a ocorrência de uma transformação induzida pela ação de um agente externo,

---

[23] A unificação de componentes dos esquemas é indicada, aqui, com uma seta de duas pontas, como x ↔ y.

um *trajetor*. Para ilustrar, o esquema de evento ENTRAR implica a existência de um estado inicial (*espaço exterior*) e um estado final (*espaço interior*). A transição entre esses estados é desencadeada pela ação do trajetor, que se desloca do *espaço exterior* para o *espaço interior*. De maneira similar, o esquema de evento AMASSAR pressupõe um estado inicial (*objeto intacto*) e um estado final (*objeto deformado*). A mudança de estado é provocada pela aplicação de força por parte do *trajetor* sobre o *objeto*, resultando em sua deformação. No esquema de evento EMPURRAR, o estado inicial é o *repouso* e o estado final é o *movimento*. A transição entre esses estados é induzida pela aplicação de força pelo *trajetor* sobre o *objeto*, impulsionando-o a se mover.

A segunda forma de combinação de esquemas, denominada coleção, envolve a coexistência de esquemas na formação de conceitos específicos. Em outras palavras, esquemas distintos podem ser agrupados na conceptualização de objetos e cenários, cada um contribuindo com propriedades relevantes para o esquema mais geral. É como uma coleção de ferramentas em uma caixa, em que cada ferramenta tem uma função específica, e juntas elas permitem realizar diversas tarefas. No caso de uma pessoa em uma festa de aniversário, o mecanismo de coleção serve para representar cognitivamente a experiência geral da festa, combinando vários esquemas. A pessoa em questão poderia ver o bolo como um todo com partes (PARTE-TODO), perceber os enfeites como uma COLEÇÃO e o ato de dar presentes como TRANSFERÊNCIA. Em suma, a coleção desses esquemas descreveria a experiência holística de uma festa de aniversário.

O mecanismo de coleção seleciona esquemas culturalmente relevantes para construir uma compreensão de um conceito específico dentro de um determinado contexto. Por exemplo, o conceito de FACA pode ser compreendido de maneiras diferentes dependendo do contexto em que está inserido. Em um contexto culinário, como uma cozinha, a faca é associada a esquemas de eventos como CORTAR e DESCASCAR, que refletem seu uso principal na preparação de alimentos. No entanto, em um contexto de violência, como um assassinato, a faca é associada a esquemas de eventos como MATAR, FERIR e MACHUCAR, que refletem seu potencial para causar danos. Essa diferença na seleção de esquemas demonstra como o mecanismo de coleção se adapta ao contexto social para moldar nossa compreensão de um conceito.

A combinação sequencial estruturada de esquemas, aqui adaptada de Hedblom *et al.* (2019), envolve a organização temporal de esquemas para representar as etapas de um roteiro. Cada etapa é caracterizada por um esquema de evento, que captura as relações espaciais e temporais relevantes naquele momento específico. Essa sequência de esquemas de evento forma um esqueleto culturalmente estabelecido que descreve a progressão dos eventos ao longo do tempo.

Um exemplo de combinação sequencial estruturada é o esquema roteiro IR A UM RESTAURANTE. Esse roteiro pode ser representado por uma sequência de esquemas de evento: (1) o deslocamento do indivíduo em direção ao restaurante; (2) o indivíduo entra no restaurante; (3) o indivíduo escolhe os pratos do cardápio; (4) o indivíduo solicita o prato ao garçom; (5) o garçom entrega os pratos para o indivíduo; (6) o indivíduo come a comida; (6) o indivíduo pede a conta; (7) o indivíduo paga a conta; e (8) o indivíduo sai do restaurante.

Essa sequência de esquemas de evento captura a progressão do roteiro, desde o deslocamento inicial até o momento em que o indivíduo deixa o restaurante. As sequências estruturadas são úteis para representar roteiros com uma ordem temporal clara e para analisar as relações causais entre as diferentes etapas do evento. Elas também podem ser ramificadas em pontos de incerteza, representando diferentes resultados possíveis para um evento.

Esquemas combinados por fusão, coleção e por sequências constituem os sistemas cognitivos com os quais enquadramos socioculturalmente mundo. Eles nos ajudam a organizar as informações de maneira que elas possam ser facilmente acessadas e utilizadas em situações particulares. Nesse sentido, esquemas combinados, ou *frames offline*, não são apenas estruturas passivas de conhecimento, mas ativamente moldam nossa percepção e compreensão do mundo.

Compartilho com Vereza (2013) a visão de que os *frames offline* são esquemas cognitivos presentes na memória de longo prazo que estruturam nosso conhecimento e experiência do mundo. A autora argumenta que esses esquemas, que são estáveis e compartilhados culturalmente, atuam como uma base para a compreensão e produção de linguagem. Eles fornecem a moldura dentro da qual interpretamos e construímos sentidos para o mundo ao nosso redor. Ademais, Vereza (2017) esclarece que os *frames offline* desempenham um papel crucial na ancoragem dos *frames* construídos em tempo real, ou *frames online*.

Os *frames online* são construídos dinamicamente, em tempo real, à medida que interagimos com o mundo e uns com os outros. Eles são moldados e influenciados pelos *frames offline*, que fornecem a base estável e compartilhada a partir da qual os *frames online* ganham vida. Assim, os *frames online* emergem de *frames offline* como estruturas cognitivas fugazes que vão sendo enriquecidas em tempo real com informações ecológicas do entorno físico e social do indivíduo.

4.2 ENQUADRAMENTO CULTURAL POR MEIO DE EMULAÇÃO DE CONCEITOS

A construção cultural de conceitos por emulação[24] envolve a criação de novos conceitos utilizando estruturas conceituais familiares, apropriadas ao contexto cultural específico em que são empregados. Esse processo baseia-se na modelagem de novos conceitos sobre uma base topológica de conceitos já existentes, facilitando a compreensão e articulação das novas ideias.

No mecanismo de emulação, um conceito é desenvolvido a partir da estrutura topológica de um conceito já conhecido. Por exemplo, o conceito SOCIEDADE é frequentemente emulado utilizando a base topológica do esquema de imagem CONTÊINER. Essa modelagem inclui a noção de *interior* e *exterior*, *limites* e *portal*, permitindo a utilização de expressões como "entrar na sociedade", "viver à margem da sociedade" e "a sociedade tem rachaduras". Tais expressões ilustram como a estrutura familiar de um recipiente é aplicada para entender a complexa rede de interações sociais que define uma sociedade. A sociedade é vista como um espaço delimitado em que as pessoas podem estar dentro ou fora, podendo entrar ou sair por meio de processos sociais que funcionam como portais.

Outro exemplo é o conceito VIDA sendo modelado como JORNADA. A base topológica do esquema integrado (*frame offline*) JORNADA inclui esquemas TRAJETÓRIA, TRAJETOR-MARCO, BLOQUEIO, DINÂMICAS DE FORÇAS e DIREÇÃO. Essas estruturas são aplicadas ao conceito de vida, permitindo expressões como "minha vida está sem rumo", "força de continuar no caminho certo", "chegar lá", "encontrar obstáculos ao longo da vida" e "sair do caminho em alguns momentos da vida". Aqui, a familiaridade com a estrutura de uma jornada facilita a compreensão e a expressão das experiências de vida. A trajetória encapsula a progressão da vida,

---

[24] Na computação, emulação refere-se a um sistema que imita o funcionamento do outro, permitindo que um software ou hardware funcione como se fosse o outro. A mente usa conceitos familiares para emular ou modelar a compreensão de novos conceitos ou experiências.

os marcos são eventos significativos, a origem e a meta encapsulam o início e os objetivos da vida, os bloqueios são desafios e dificuldades, e a dinâmica de força e direção encapsulam o esforço e a orientação necessários para progredir.

A escolha da base topológica adequada para emular um novo conceito está intimamente relacionada aos jogos de linguagem e às formas de vida que fazem uso desse conceito. Diferentes contextos culturais e sociais influenciam a preferência por determinadas bases topológicas. Por exemplo, no campo da educação, culturas ocidentais podem utilizar a base topológica do conceito CONSTRUÇÃO para emular o conceito CONHECIMENTO, referindo-se a "construir conhecimento" e "pilares do conhecimento", enquanto outras culturas podem preferir outras bases topológicas, como NUTRIÇÃO e CULTIVO, utilizando expressões como "nutrir a curiosidade" e "cultivar talentos". Ao utilizar estruturas conhecidas para entender novos conceitos, facilitamos a aprendizagem e a comunicação. A base topológica fornece uma estrutura organizada que pode ser facilmente adaptada a diferentes contextos, tornando-se um mecanismo eficaz para a criação e transmissão de conhecimento.

A construção cultural de conceitos por emulação demonstra como novas ideias são formadas e compreendidas por meio da modelagem de conceitos novos sobre bases topológicas familiares. Esse processo é profundamente influenciado pelos jogos de linguagem e formas de vida, refletindo a complexa interação entre cognição, linguagem e cultura.

5 ESTADO, CONTEXTO E PROPRIEDADES DO CONCEITO

A teoria SCOP foi desenvolvida para superar as limitações das teorias tradicionais ao tratar conceitos como entidades dinâmicas que podem existir em diferentes estados de potencialidade. Gabora *et al.* (2008) demonstraram que a combinação de conceitos pode ser modelada como um estado de entrelaçamento, similar ao entrelaçamento quântico. O estado de entrelaçamento é usado para descrever como conceitos diferentes podem se combinar e influenciar mutuamente, resultando em novas propriedades emergentes que não são previsíveis a partir dos conceitos originais isoladamente.

Nessa perspectiva, conceitos são entidades dinâmicas que podem existir em diferentes estados de potencialidade, sendo atualizados pelo contexto. Essa abordagem permite uma modelagem mais precisa das transformações e combinações de conceitos, refletindo a flexibilidade e a adaptabilidade do pensamento humano. As propriedades invariantes dos conceitos não são fixas e imutáveis como nas teorias tradicionais. Em vez disso, elas emergem e se adaptam à forma de vida e ao jogo de linguagem sendo jogado. Essa flexibilidade me parece crucial para capturar a natureza dinâmica da formação de conceitos. Nesse entendimento, a invariância é uma propriedade relacional e não inerente. Ela emerge da relação entre o conceito, um jogo de linguagem em uma determinada forma de vida e o estado em que o conceito se encontra.

Um conceito é descrito por três componentes principais: estados, contextos e propriedades. Essa estrutura permite modelar os conceitos de forma dinâmica e flexível, mostrando como eles variam em tipicidade e aplicabilidade conforme o contexto. Os estados correspondem às diferentes formas que um conceito pode assumir. Um conceito pode existir em vários estados possíveis, refletindo a multiplicidade de interpretações que ele pode ter em diferentes situações.

Existem três principais tipos de estados: *Groundstate* (Estado Fundamental), estado mais básico e genérico de um conceito, sem a influência de nenhum contexto específico, ele representa a forma neutra e não perturbada do conceito; *Superposition state* (Estado de Superposição ou de Potencialidade), estado em que um conceito pode existir em múltiplas formas possíveis simultaneamente, sem uma definição concreta até que um contexto específico o defina; e *Eigenstate* (Estado Específico), estado específico e estável de um conceito quando um contexto particular é aplicado. Este é o estado concreto e definido que o conceito assume.

Os contextos são as formas de vida e os jogos de linguagem que influenciam a mudança de estado de um conceito. Eles atuam como "medidores" que determinam para qual estado um conceito vai colapsar. Cada contexto proporciona um ambiente específico que molda a interpretação e a aplicabilidade do conceito.

As propriedades são os atributos ou características dos conceitos. Elas podem variar dependendo do contexto e do estado em que o conceito se encontra. Na abordagem SCOP, as propriedades não são fixas e imutáveis como nas teorias tradicionais, mas emergem e se adaptam conforme o contexto.

5.1 ESTADO FUNDAMENTAL, ESTADO DE POTENCIALIDADE E ESTADO ESPECÍFICO DO CONCEITO

O estado fundamental é a forma mais básica de um conceito, sem a influência de nenhum contexto específico. Para o conceito de INSTRUMENTO, por exemplo, o estado fundamental incluiria esquemas que encapsulam suas propriedades e funcionalidades mais básicas e abstratas, como: DINÂMICAS DE FORÇA (Instrumentos podem aplicar ou resistir a forças), CONTATO (instrumentos muitas vezes entram em contato com outros objetos para realizar sua função), TRAJETÓRIA (alguns instrumentos funcionam movendo-se ao longo de uma trajetória específica), CONTÊINER (instrumentos podem ter partes que atuam como contêineres para segurar ou transportar substâncias ou objetos), HABILITAÇÃO (instrumentos permitem ou facilitam a realização de certas tarefas), PARTE-TODO (instrumentos podem ser compostos de várias partes que trabalham juntas), SUPORTE (instrumentos podem fornecer suporte físico ou funcional a outras partes ou processos) e MUDANÇA DE ESTADO (instrumentos podem causar ou facilitar mudanças de estado em outros objetos ou substâncias).

O estado de potencialidade refere-se a uma condição em que um conceito é capaz de assumir diversas formas ou interpretações possíveis que ainda não foram determinadas. Esse estado de múltiplas possibilidades permite que o conceito seja altamente adaptável e pronto para se definir em um estado específico quando necessário. Isso reflete a natureza dinâmica da cognição humana (Quadro 1).

No estado específico (*eigenstate*), o conceito assume uma forma concreta e definida com propriedades específicas aplicáveis no contexto dado. Ele se manifesta em um jogo de linguagem ou em uma prática orientada por um jogo de linguagem (Quadro 1).

Quadro 1 – Contexto, estado potencial e estado específico

Contexto	Estado Potencial	Estado Específico (Eigenstate)
Consulta Médica	Instrumentos médicos (estetoscópio, termômetro, bisturi etc.)	Estetoscópio, Termômetro, Bisturi
Construção	Ferramentas de construção (martelo, serra, nível de bolha etc.)	Martelo, Serra, Nível de bolha

Contexto	Estado Potencial	Estado Específico (Eigenstate)
Performance Musical	Instrumentos musicais (guitarra, piano, flauta etc.)	Guitarra, Piano, Flauta
Cozinha	Utensílios de cozinha (faca, liquidificador, colher de pau etc.)	Faca, Liquidificador, Colher de pau
Escritório	Ferramentas e dispositivos de escritório (computador, impressora, grampeador etc.)	Computador, Impressora, Grampeador

Fonte: elaborado pelo autor.

Essa estrutura explica como a mente pode rapidamente adaptar e especificar conceitos em resposta a diferentes situações, refletindo a flexibilidade e dinamicidade da cognição humana.

6 CONCLUSÃO

A definição de conceito construída ao longo deste estudo destaca sua natureza dinâmica e adaptativa, formada pela contínua interação entre o organismo e o ambiente. Diferente das teorias clássicas que veem os conceitos como entidades estáticas e definíveis por propriedades necessárias e suficientes, a abordagem ecocognitiva propõe que os conceitos são moldados pela interação com o ambiente físico e social.

A teoria SCOP refina essa visão ao tratar os conceitos como entidades que podem existir em diferentes estados de potencialidade, sendo atualizados pelo contexto. Isso significa que os conceitos são flexíveis e sensíveis ao contexto, manifestando-se de maneiras específicas dependendo do ambiente e das circunstâncias.

Nessa abordagem, um conceito é composto de estados (formas que pode assumir), contextos (influências externas que determinam esses estados) e propriedades (atributos que podem variar conforme o contexto). Essa estrutura permite uma modelagem precisa e flexível, capturando a complexidade e a adaptabilidade da cognição humana.

Portanto, na perspectiva ecocognitiva, o conceito é uma entidade dinâmica e adaptativa, formada pela interação contínua entre o organismo e o ambiente, sensível ao contexto e capaz de existir em diferentes estados de potencialidade. Essa definição proporciona uma compreensão mais integrada e adaptativa da cognição humana.

REFERÊNCIAS

AERTS, D.; GABORA, L. A theory of concepts and their combinations I: The structure of the sets of contexts and properties. *Kybernetes*, India, v. 34, n. 1/2, p. 167-191, 2005.

BATISTA, T. S. *O desenvolvimento de jogos de linguagem em crianças pequenas*: uma análise dos vlogs do canal Gêmeos Ale Nanda, no Youtube. 2023. 120 f. Dissertação (Mestrado em Estudos da Linguagem) – Programa de Pós-graduação em Estudos da Linguagem, Universidade Federal do Rio Grande do Norte, Natal, 2023.

BERSNTEIN, N. A. *The co-ordination and regulation of movements*. London: Pergamon Press, 1967.

BINGHAM, G. Task-specific devices and the perceptual bottleneck. *Human Movement Science*, North-Holland, v. 7, n. 2-4, p. 225-264, 1988.

BERISTAIN, C. Our Form of Life Revealed in the Action of Language. Munich, Germany, 2019.

CLARK, A. *Being there*: Putting brain, body, and world together again. Cambridge, MA: MIT Press, 1997.

CLARK, A.; CHALMERS, D. The extended mind. *Analysis*, Oxford University Press, v. 58, n. 1, p. 7-19, 1998.

DUQUE, P. H. Categorização em jogos de linguagem: uma abordagem cognitivo-ecológica. In: ALMEIDA, A. A. D. *A categorização em Linguística Cognitiva*: organizando conhecimentos. Salvador: EDUFBA, 2022.

GABORA, L.; ROSCH, E.; AERTS, D. Toward an Ecological Theory of Concepts. *Ecological Psychology*, [s. l.], v. 20, n. 1, p. 84-116, 2008.

GALLAGHER, S. Building a Stronger Concept of Embodiment. *In*: NEWEN, Albert; DE BRUIN, Leon; GALLAGHER, Shaun. (Ed.). *The Oxford Handbook of 4E Cognition*. Oxford: Oxford University Press, 2018. p. 368-382.

GIBSON, J. J. *The ecological approach to visual perception*. New York: Houghton Mifflin, 1979.

GOLONKA, S; WILSON, A. D. Ecological Representations. *Ecological Psychology*, London, v. 31, n. 3, p. 254-274, 2019.

HEDBLOM, M. M.; KUTZ, O.; NEUHAUS, F. Choosing the Right Path: Image Schema Theory as a Foundation for Concept Invention. *Cognitive Systems Research*, Amsterdam, v. 39, p. 42-57, 2016.

HEDBLOM, M. M.; KUTZ, O.; PEÑALOZA, R. What's Cracking? How Image Schema Combinations Can Model Conceptualizations of Events. *Journal of Cognitive Science*, Seul, v. 20, n. 1, p. 67-90, 2019.

JOHNSON, M. *The body in the mind:* The bodily basis of meaning, imagination, and Reason. Chicago: University of Chicago Press, 1987.

LAKOFF, G. *Women, Fire, and Dangerous Things*: What Categories Reveal about the Mind. Chicago: University of Chicago Press, 1987.

MANDLER, J M.; CÁNOVAS, C P. On defining image schemas. *Language and Cognition*, Cambridge, v. 6, n. 4, p. 510-532, 2014.

MURPHY, G. L. *The big book of concepts*. Cambridge, MA: MIT Press, 2002.

NEWEN, A.; DE BRUIN, L.; GALLAGHER, S. (ed.). *The Oxford Handbook of 4E Cognition*. Oxford: Oxford University Press, 2018.

ROSH, E. Natural categories. *Cognitive Psychology*, [s. l.], v. 4, n. 3, p. 328-350, 1973.

STEELS, L. Human language is a culturally evolving system. *Psychonomic Bulletin & Review*, Austin, TX, USA, v. 24, n. 1, p. 190-193, 2016.

SZWEDEK, A. The Image Schema: A Definition. *Styles of Communication*, [s. l.], v. 11, n. 1, p. 7-27, 2019.

TALMY, L. Force dynamics in language and cognition. *Cognitive Science*, [s. l.], v. 12, n. 1, p. 49-100, 1988.

TOMASELLO, M. *Constructing a Language*. Harvard: University Press, 2000.

VARELA, F. J.; THOMPSON, E.; ROSCH, E. *The embodied mind*: Cognitive science and human experience. Cambridge, MA: MIT Press, 1991.

VEREZA, S. C. Entrelaçando frames: a construção do sentido metafórico na linguagem em uso. *Cadernos de Estudos Linguísticos*, Campinas, n. 1, v. 55, p. 109-125, 2013.

VEREZA, S. C. C. O gesto da metáfora na referenciação: Tecendo objetos de discurso pelo viés da linguagem figurada. *Cadernos de Estudos Linguísticos*, Campinas, v. 59, n. 1, p. 135-155, 2017.

WITTGENSTEIN, L. [1953]. *Investigações filosóficas*. 2. ed. Tradução José Bruni. São Paulo: Abril Cultural, 1979. (Coleção Os Pensadores, v. XLVI).

LETRAMENTOS SOCIAIS NA BASE NACIONAL COMUM CURRICULAR

Marcos Bispo
Odair Ledo Neves
Fernanda Maria Almeida dos Santos

1 INTRODUÇÃO

A escolarização do letramento costuma ser objeto de muitas controvérsias entre pesquisadores dos campos da Antropologia e das Ciências da Educação. Essas controvérsias se agravaram após a oposição proposta por Street (1984) para diferenciar a abordagem funcionalista dos letramentos, na qual a escrita é apresentada como um indicador de evolução civilizatória (Goody, 2012; Ong, 1998), da perspectiva ideológica por ele assumida, cujo foco de estudos está nas relações assimétricas do poder que afetam a compreensão e o funcionamento social da escrita. Street classificou o primeiro modelo como "autônomo", por considerar que seus teóricos atribuíam à escrita poderes intrínsecos universais, desconsiderando as relações de poder que permeiam seu funcionamento social.

A crítica de Street está alinhada ao movimento de rejeição das abordagens estruturalista e funcionalista no âmbito da teoria social e com a emergência do paradigma crítico na pesquisa qualitativa. O primeiro movimento foi responsável pela retomada da centralidade do sujeito na pesquisa social, enquanto o segundo enfatiza o papel das relações de poder nos fenômenos e situações estudados. Na perspectiva crítica, a compreensão de como o componente ideológico afeta as relações sociais e a construção da realidade é condição básica para a transformação social.

Na abordagem crítica adotada por Street em sua análise antropológica, não existe letramento autônomo, ou seja, qualquer tipo de letramento é ideológico. Superada a possibilidade do letramento neutro, torna-se necessário investir na criação de conceitos e métodos para explicar as práticas de letramento, observando-se os princípios do paradigma crítico. Uma das principais características dos estudos antropológicos é seu interesse na descrição ou explicação de práticas culturais de distintos grupos sociais. Essa tarefa encontra desafios adicionais quando se observam as relações entre o letramento escolar e as práticas que ocorrem fora dos limites desse modelo institucionalizado.

A análise de Street (2014) estabelece uma oposição entre letramento escolar e letramentos sociais, com base na definição do letramento como práticas sociais de leitura e escrita. Essa oposição sustenta, por um lado, a importância dos contextos para a caracterização dos letramentos que podem ser chamados de sociais e, por outro, a natureza autônoma do letramento escolar, estruturado a partir de processos específicos de pedagogização. No entanto, Street ressalta que essa oposição não deve ser compreendida em termos muito radicais, visto que o letramento escolar passou a ser compreendido como o modelo padrão de letramento. Diante desse quadro, questionamos: os letramentos sociais devem ser entendidos sempre em oposição ao letramento escolar, isto é, apenas os letramentos que independem da escola são sociais?

Este texto desafia a resposta dada por Street a esse questionamento. Nosso objetivo é demonstrar que o modelo pedagógico delineado na Base Nacional Comum Curricular (BNCC) rompe tanto com a oposição entre letramentos sociais e letramento escolar quanto com a ideia de que o letramento escolar seja dominante. Para isso, iniciamos com uma exposição dos argumentos usados por Street para justificar sua tese. Em seguida, demonstramos a aproximação entre letramentos sociais e letramento escolar na BNCC.

2 A TESE DA OPOSIÇÃO ENTRE LETRAMENTOS SOCIAIS E LETRAMENTO ESCOLAR

A célebre oposição estabelecida por Street entre os modelos autônomo e ideológico do letramento rapidamente foi convertida em fundamentação básica de um conjunto de propostas pedagógicas alternativas ao letramento escolar. Antes dessa linha de investigação, chamada de Novos Estudos do Letramento, ganhou destaque no Brasil o modelo que opunha o letramento à alfabetização, isto é, as diferenças entre a aquisição do código escrito e das capacidades para envolver-se em práticas sociais de leitura e a escrita:

> Quanto à mudança na maneira de considerar o significado do acesso à leitura e à escrita em nosso país – da mera aquisição da "tecnologia" do ler e do escrever à inserção nas práticas sociais de leitura e escrita, de que resultou o

> aparecimento do termo ***letramento*** ao lado do termo ***alfabetização*** – um fato que sinaliza bem essa mudança, embora de maneira tímida, é a alteração do critério utilizado pelo Censo para verificar o número de analfabetos e de alfabetizados: durante muito tempo, considerava-se analfabeto o indivíduo incapaz de escrever o próprio nome; nas últimas décadas, é a resposta à pergunta "sabe ler e escrever um bilhete simples?" que define se o indivíduo é analfabeto ou alfabetizado. Ou seja: da verificação de apenas a habilidade de codificar o próprio nome passou-se à verificação da capacidade de usar a leitura e a escrita para uma prática social (ler ou escrever um "bilhete simples"). Embora essa prática seja ainda bastante limitada, já se evidencia a busca de um "estado ou condição de quem sabe ler e escrever", mais que a verificação da simples presença da habilidade de codificar em língua escrita, isto é, já se evidencia a tentativa de avaliação do nível de ***letramento***, e não apenas a avaliação da presença ou ausência da "tecnologia" do ler e escrever (Soares, 1998, p. 21, grifos da autora).

Os critérios utilizados por Soares para estabelecer a distinção entre alfabetização e letramento — domínio da tecnologia da escrita *versus* capacidade de usar a leitura e a escrita em uma prática social —, ainda que não sejam incorretos, são insuficientes para explicar a natureza do letramento. Primeiramente, a alfabetização não é exatamente oposta ao letramento, sendo melhor entendida como sua etapa inicial. Esse entendimento se justifica em face do fato de que os usos da escrita pressupõem a aprendizagem desse código. Em segundo lugar, a mudança no critério utilizado em censos educacionais para determinar o nível de alfabetismo não justifica o estabelecimento de uma distinção entre alfabetização e letramento, uma vez que não se trata de mudança de natureza teórica ou prática em relação aos conceitos, e sim de um critério de natureza operacional, por meio do qual se infere a apropriação do código pela capacidade do estudante para usá-lo.

Entretanto, o maior problema da perspectiva de letramento de Soares está em seu reducionismo técnico, expresso na noção de capacidades de uso da leitura e da escrita em práticas sociais. Segundo essa concepção, bastaria que a escola fornecesse treinamento para o uso de um conjunto de gêneros textuais na vida social e o problema do letramento estaria resolvido. Na abordagem crítica dos novos estudos do letramento proposta por Street, essa compreensão está em plena correspondência com o letramento escolar, que ele entende como alinhado ao modelo autônomo de letramento. Em suas palavras,

> No que diz respeito ao letramento escolarizado, é evidente que, em geral, o modelo autônomo de letramento vem dominando o currículo e a pedagogia. Conforme mostraram Freebody e outros (Freebody, 1992), textos aparentemente inocentes para crianças, perguntas feitas pelos professores e a ênfase na grafia "correta" e no detalhe linguístico são modos de manutenção da disciplina. Aprender distinções fonêmicas precisas não é somente um pré-requisito técnico de leitura e escrita, mas um modo fundamental de ensinar novos membros da *pólis* a como aprender e discernir outras distinções, a fazer discriminações culturais adequadas em sociedades cada vez mais heterogêneas. Esses discursos secundários, como Gee (1990) denomina os letramentos fornecidos por instituições oficiais, permitem a um Estado centralizador afirmar a homogeneidade contra a heterogeneidade evidente na variedade de discursos primários dentro da qual as comunidades socializam seus membros (Street, 2014, p. 150).

A hipótese da existência de uma ideologia subjacente às práticas de ensino da escrita, embora sedutora para teóricos críticos, carece de estudos empíricos para comprová-la. Parece bastante forçada a associação estabelecida entre a observância de regras de escrita ou a utilização de procedimentos metacognitivos empregados em sua aprendizagem e a aquisição de valores que condicionem os estudantes à aceitação da ideologia burguesa. Nessa linha, Street corrobora a tese do currículo oculto, produzida no âmbito da pedagogia crítica (Apple, 2006), segundo a qual, por trás de cada conteúdo oficial, o Estado liberal burguês esconde um saber que visa preparar os mais pobres para aceitar pacificamente a dominação que lhes é imposta pelas classes dominantes. Nesse cenário, é fundamental que a escola reduza a diversidade das práticas de letramento a um modelo homogeneizante, tornando o letramento escolar o único legítimo. É esse processo ideológico que explica a noção de letramento dominante na teoria de Street.

Distanciado das práticas comunicativas em contextos reais, o letramento escolar é o oposto dos letramentos sociais, cujos estudos enfatizam a natureza socialmente contextualizada e a multiplicidade das práticas letradas. Nessa perspectiva, a leitura e a escrita estão inseridas em práticas sociais e linguísticas reais que lhes conferem significado. É, portanto, o foco no contexto que torna reais as práticas letradas. Para Street (2014, p. 23):

> As implicações dos Novos Estudos do Letramento para a pedagogia estão na necessidade que temos de ir além de ensinar às crianças os aspectos técnicos das "funções" da linguagem para, bem mais, ajudá-las a adquirir consciência da natureza social e ideologicamente construída das formas específicas que habitamos e que usamos em determinados momentos.

Street avalia que a escolarização ou pedagogização do letramento impõe ao ensino e à aprendizagem da escrita um conjunto de procedimentos para organizar o tempo de sala de aula e modalidades de trabalhos práticos que distanciam a escola de outros tempos e lugares, fazendo com que os processos cotidianos de falar, ler e escrever sejam revestidos de um valor distintivo e de uma autoridade especial. Nesse sentido, a pedagogia assumiu "[...] o caráter de uma força ideológica que controla as relações sociais em geral e, em particular, as concepções de leitura e escrita" (Street, 2014, p. 122).

As críticas de Street à pedagogia e à escolarização dos letramentos, não obstante sua grande repercussão entre os teóricos que se interessam pelo ensino da leitura e da escrita, levam à conclusão de que letramentos sociais e escolares são processos estanques, que não se misturam. Sendo assim, seria possível adotar a perspectiva dos letramentos sociais na educação sem recorrer aos filtros da pedagogia para torná-los ensináveis?

Tecnicamente, os termos escolarização ou pedagogização se referem ao processo de tornar escolares objetos e práticas que não têm origem na escola, dando-lhes tratamento pedagógico específico. Ocorre, porém, que as práticas e os procedimentos descritos e criticados por Street são essencialmente escolares. Ou seja, não são os letramentos sociais que estão sendo escolarizados, uma vez que, conforme o autor destaca, os letramentos sociais estão ausentes da escola. Permanecendo essa oposição radical, só seria adequado falar em escolarização ou pedagogização se os letramentos sociais fossem transformados em objetos de ensino.

3 APROXIMAÇÃO PEDAGÓGICA ENTRE LETRAMENTOS SOCIAIS E LETRAMENTO ESCOLAR NA BNCC

Nesta seção, queremos apresentar uma resposta diferente ao problema da oposição entre letramentos sociais e letramento escolar defendida por Street. Nosso posicionamento segue o princípio de que qualquer saber ou prática social tomada como objeto de ensino passa, obrigatoriamente, por processos de transposição didática. Sendo assim, uma proposta como a da BNCC, que promove a escolarização de letramentos sociais, desmontaria a suposta oposição entre os dois modelos de letramentos.

A problematização que Street faz do letramento escolar e as implicações dos Novos Estudos do Letramento para a educação deixam algumas questões em aberto quando a discussão é levada para o campo do planejamento das políticas de currículo. Dentre essas questões, merecem destaque a desconsideração de que a pedagogia tecnicista foi superada pela das competências, a ausência de uma concepção explícita de linguagem que direcione as formas de compreensão das práticas de letramento, a falta de clareza quanto ao papel do sujeito como cidadão e uma compreensão limitada da natureza dos conteúdos escolares.

3.1 DA RACIONALIDADE TECNICISTA À LÓGICA DAS COMPETÊNCIAS EM EDUCAÇÃO

Da leitura das críticas de Street, conclui-se que os letramentos sociais deveriam ser reproduzidos na escola tal como eles funcionam em seus contextos de origem. Com efeito, na pedagogia tecnicista, caracterizada pelo ensino de conteúdos objetivos e neutros, não existe qualquer preocupação com as funções sociais, políticas e culturais dos saberes para além daquelas ligadas às dimensões cognitivas do saber. Contudo, diferentemente do que postula a pedagogia crítica, o objetivo da pedagogia tecnicista não era usar um currículo explícito neutro para ocultar o verdadeiro currículo ideológico. Como bem explica Root (1993), a política baseada na racionalidade científica visava, por um lado, à legitimação do Estado laico liberal em face da influência das crenças religiosas e, por outro, à garantia da liberdade individual frente ao poder coercitivo do Estado. De acordo com esses princípios, a religião foi retirada da esfera pública, que se tornou um espaço para a resolução de conflitos sociais através da política, e transferida para o plano da liberdade individual, não cabendo ao Estado qualquer tipo de interferência nesse âmbito. Não se pode afirmar que esse ideal tenha sido alcançado. Taylor (2011, p. 50-51) aponta algumas contradições do liberalismo político:

> O Estado não pode ser nem cristão, nem muçulmano, nem judeu, mas, da mesma forma, também não deve ser marxista, nem kantiano, nem utilitário. **É claro que o Estado democrático acabará por votar leis que (na melhor das**

> hipóteses) refletem as convicções reais dos seus cidadãos, que serão cristãos ou muçulmanos etc., através de toda a gama de pontos de vista defendidos numa sociedade moderna. Mas as decisões não podem ser enquadradas de uma forma que dê reconhecimento especial a uma destas opiniões. Isto não é fácil de fazer; as linhas são difíceis de traçar e devem ser sempre traçadas de novo. Mas tal é a natureza do empreendimento que constitui o Estado secular moderno.

Diante dessa avaliação, podemos dizer que a teoria educacional crítica acertou no problema, mas errou em sua causa. Sem negar a relevância dos conhecimentos científicos no planejamento curricular, não se pode conceber um projeto educacional alheio a fatores sociais, culturais, políticos e ideológicos. Essa constatação, alcançada com muita contribuição das teorias críticas, está na base das políticas de reestruturação curricular que culminaram na hegemonia da abordagem das competências como paradigma de planejamento educacional, um modelo pedagógico ainda cercado de controvérsias (Gimeno Sacristán, 2011), mas que estabelece a funcionalidade dos saberes (Perrenoud, 2013; Zabala; Arnau, 2020) como critério fundamental para orientar a transposição didática das práticas sociais e saberes realizada nos programas de ensino. Nessa perspectiva, os saberes são recursos necessários para o desenvolvimento das competências, e as práticas sociais fornecem os contextos, os instrumentos e as situações de referência nas quais esses saberes funcionam.

Macedo (2002) explica que a abordagem das competências em educação se justifica, sobretudo, em razão das dificuldades para selecionar conhecimentos científicos, dada a profusão de saberes que as diversas disciplinas científicas produzem. Se levarmos em conta que, sobretudo nas ciências humanas, são comuns os conflitos epistemológicos, seremos forçados a admitir que a relevância do conhecimento científico em seus diferentes domínios disciplinares não é um critério suficiente para garantir sua pertinência no currículo. Outros aspectos, porém, justificam a opção pela abordagem das competências, além da já mencionada funcionalidade social dos saberes: a incorporação ao currículo dos fatores socioculturais, políticos e ideológicos implicados na ação situada dos sujeitos, bem como seu papel como critério de reestruturação da arquitetura das disciplinas escolares.

Demonstrada a centralidade da noção de competência no planejamento de currículos comprometidos com a formação para a vida social, resta-nos explicar como se dá a articulação entre letramentos sociais e letramento escolar na arquitetura da Língua Portuguesa na BNCC.

3.2 INTEGRAÇÃO ENTRE LETRAMENTOS SOCIAIS E LETRAMENTO ESCOLAR NO CURRÍCULO

Na abordagem das competências, o planejamento curricular é orientado pelo princípio de que as práticas sociais são as referências para a seleção de saberes educacionais. O processo de escolarização ou didatização desses saberes requer a integração de uma teoria dos conteúdos didáticos à acepção de competência adotada. Na BNCC, a competência é concebida como "[...] a mobilização de conhecimentos (conceitos e procedimentos), habilidades (práticas, cognitivas e socioemocionais), atitudes e valores para resolver demandas complexas da vida cotidiana, do pleno exercício da cidadania e do mundo do trabalho" (Brasil, 2018, p. 8).

Nessa definição, os recursos mobilizados pelas competências são categorizados em conformidade com a teoria dos conteúdos elaborada no campo da Psicologia do Ensino (Coll, 2008), segundo a qual os saberes didáticos são classificados em conceituais (saber), procedimentais (saber-fazer) e atitudinais (saber ser). Além disso, a definição de competência explicita as funcionalidades dos saberes ao estabelecer as finalidades do ensino: resolver demandas complexas da vida cotidiana, do pleno exercício da cidadania e do mundo do trabalho. O foco em três dimensões fundamentais da vida social — cotidiano, cidadania e profissional — indica que a pedagogia das competências se coaduna perfeitamente com a noção de letramentos sociais postulada por Street.

O tratamento pedagógico que a BNCC dá aos saberes — a pedagogização — pretende refletir a perspectiva de educação para a vida e, com isso, tenta promover uma revolução nos processos de ensino e aprendizagem. Uma renovação da arquitetura da Língua Portuguesa coerente com as finalidades da educação na pedagogia das competências exige uma concepção de linguagem que entenda o sujeito da educação como um ator social. Isso explica a opção da BNCC por uma perspectiva enunciativo-discursiva, segundo a qual "[...] a linguagem é uma forma de ação interindividual orientada para uma finalidade específica; um processo de interlocução que se realiza nas práticas sociais existentes numa sociedade, nos distintos momentos de sua história" (Brasil, 2018, p. 67).

Não existe ação social humana fora de contexto. Assim, uma formação que visa ao desenvolvimento de capacidades para agir discursivamente requer uma seleção de contextos e de práticas de linguagem. Na BNCC, esses contextos são chamados de campo de atuação, assim designados para destacar e enfatizar o princípio de que a prática educativa deve centrar-se nos papéis sociais que os sujeitos assumem em cada contexto ou situação comunicativa. As práticas de linguagem, por sua vez, são divididas em dois níveis. O primeiro deles se refere à seleção de gêneros textuais dentro de cada campo de atuação. O segundo abrange um conjunto de práticas de linguagem situadas em cada campo de atuação e que desempenham um duplo papel: definem as unidades estruturais da Língua Portuguesa e funcionam como espaços de alocação das aprendizagens. O Quadro 1 apresenta os campos de atuação selecionados para o Ensino Fundamental, uma breve caracterização pedagógica de cada um, além da indicação de gêneros textuais (destacados).

Quadro 1 – Caracterização pedagógica dos campos de atuação

Campos de atuação	Ensino Fundamental: Anos Iniciais	Ensino Fundamental: Anos Finais
Vida cotidiana	Campo de atuação relativo à participação em situações de leitura, próprias de atividades vivenciadas cotidianamente por crianças, adolescentes, jovens e adultos, no espaço doméstico e familiar, escolar, cultural e profissional. Alguns gêneros textuais deste campo: **agendas, listas, bilhetes, recados, avisos, convites, cartas, cardápios, diários, receitas, regras de jogos e brincadeiras.**	

Campos de atuação	Ensino Fundamental: Anos Iniciais	Ensino Fundamental: Anos Finais
Artístico-literário	Campo de atuação relativo à participação em situações de leitura, fruição e produção de textos literários e artísticos, representativos da diversidade cultural e linguística, que favoreçam experiências estéticas. Alguns gêneros deste campo: **lendas, mitos, fábulas, contos, crônicas, canção, poemas, poemas visuais, cordéis, quadrinhos, tirinhas, charge/cartum**, dentre outros.	O que está em jogo neste campo é possibilitar às crianças, adolescentes e jovens dos Anos Finais do Ensino Fundamental o contato com as manifestações artísticas e produções culturais em geral, e com a arte literária em especial, e oferecer as condições para que eles possam compreendê-las e frui-las de maneira significativa e, gradativamente, crítica. Aqui também a diversidade deve orientar a organização/progressão curricular: **diferentes gêneros, estilos, autores e autoras – contemporâneos, de outras épocas, regionais, nacionais, portugueses, africanos e de outros países – devem ser contemplados; o cânone, a literatura universal, a literatura juvenil, a tradição oral, o multissemiótico, a cultura digital e as culturas juvenis**, dentre outras diversidades, devem ser consideradas, ainda que deva haver um privilégio do letramento da letra.

Campos de atuação	Ensino Fundamental: Anos Iniciais	Ensino Fundamental: Anos Finais
Práticas de estudo e pesquisa	Campo de atuação relativo à participação em situações de leitura/escrita que possibilitem conhecer os textos expositivos e argumentativos, a linguagem e as práticas relacionadas ao estudo, à pesquisa e à divulgação científica, favorecendo a aprendizagem dentro e fora da escola. Alguns gêneros deste campo em mídia impressa ou digital: **enunciados de tarefas escolares; relatos de experimentos; quadros; gráficos; tabelas; infográficos; diagramas; entrevistas; notas de divulgação científica; verbetes de enciclopédia.**	Trata-se de ampliar e qualificar a participação dos jovens nas práticas relativas ao estudo e à pesquisa Essas habilidades mais gerais envolvem o domínio contextualizado de gêneros como **apresentação oral, palestra, mesa-redonda, debate, artigo de divulgação científica, artigo científico, artigo de opinião, ensaio, reportagem de divulgação científica, texto didático, infográfico, esquemas, relatório, relato (multimidiático) de campo, documentário, cartografia animada,** *podcasts* **e vídeos diversos de divulgação científica.**
Vida pública	Campo de atuação relativo à participação em situações de leitura e escrita, especialmente de textos das esferas jornalística, publicitária, política, jurídica e reivindicatória, contemplando temas que impactam a cidadania e o exercício de direitos. Alguns gêneros textuais deste campo: **notas; álbuns noticiosos; notícias; reportagens; cartas do leitor** (revista infantil); **comentários em** *sites* **para criança; textos de campanhas de conscientização; Estatuto da Criança e do Adolescente; abaixo-assinados; cartas de reclamação, regras e regulamentos.**	Trata-se, neste Campo, de ampliar e qualificar a participação dos jovens nas práticas relativas ao debate de ideias e à atuação política e social. Trata-se também de possibilitar vivências significativas, na articulação com todas as áreas do currículo e com os interesses e escolhas pessoais dos adolescentes e jovens, que envolvam a proposição, desenvolvimento e avaliação de ações e projetos culturais, de forma a fomentar o protagonismo juvenil de forma contextualizada. Essas habilidades mais gerais envolvem o domínio contextualizado de gêneros já considerados em outras esferas –

Campos de atuação	Ensino Fundamental: Anos Iniciais	Ensino Fundamental: Anos Finais
		como **discussão oral, debate, palestra, apresentação oral, notícia, reportagem, artigo de opinião, cartaz,** *spot*, **propaganda** (de campanhas variadas, nesse campo inclusive de campanhas políticas) – e de outros, como **estatuto, regimento, projeto cultural, carta aberta, carta de solicitação, carta de reclamação, abaixo-assinado, petição** *on-line*, **requerimento, turno de fala em assembleia, tomada de turno em reuniões, edital, proposta, ata, parecer, enquete, relatório** etc., os quais supõem o reconhecimento de sua função social, a análise da forma como se organizam e dos recursos e elementos linguísticos e das demais semioses envolvidos na tessitura de textos pertencentes a esses gêneros.

Campos de atuação	Ensino Fundamental: Anos Iniciais	Ensino Fundamental: Anos Finais
Jornalístico-midiático[25]		Trata-se, em relação a este Campo, de ampliar e qualificar a participação das crianças, adolescentes e jovens nas práticas relativas ao trato com a informação e opinião, que estão no centro da esfera jornalística/midiática. Vários são os gêneros possíveis de serem contemplados em atividades de leitura e produção de textos para além dos já trabalhados nos anos iniciais do ensino fundamental (notícia, álbum noticioso, carta de leitor, entrevista etc.): **reportagem, reportagem multimidiática, fotorreportagem, foto-denúncia, artigo de opinião, editorial, resenha crítica, crônica, comentário, debate,** *vlog* **noticioso,** *vlog* **cultural, meme, charge, charge digital,** *political remix*, **anúncio publicitário, propaganda,** *jingle*, *spot*, **dentre outros.**

Fonte: adaptado de Brasil (2018).

A seleção dos campos de atuação, dos gêneros sugeridos e sua distribuição ao longo do Ensino Fundamental visam criar as condições para o desenvolvimento do seguinte referencial de competências de Língua Portuguesa (Brasil, 2018, p. 87):

1. Compreender a língua como fenômeno cultural, histórico, social, variável, heterogêneo e sensível aos contextos de uso, reconhecen-

---

[25] Nos Anos Iniciais, os campos de atuação na vida pública e o campo jornalístico-midiático estão agrupados.

do-a como meio de construção de identidades de seus usuários e da comunidade a que pertencem.

2. Apropriar-se da linguagem escrita, reconhecendo-a como forma de interação nos diferentes campos de atuação da vida social e utilizando-a para ampliar suas possibilidades de participar da cultura letrada, de construir conhecimentos (inclusive escolares) e de se envolver com maior autonomia e protagonismo na vida social.

3. Ler, escutar e produzir textos orais, escritos e multissemióticos que circulam em diferentes campos de atuação e mídias, com compreensão, autonomia, fluência e criticidade, de modo a se expressar e partilhar informações, experiências, ideias e sentimentos, e continuar aprendendo.

4. Compreender o fenômeno da variação linguística, demonstrando atitude respeitosa diante de variedades linguísticas e rejeitando preconceitos linguísticos.

5. Empregar, nas interações sociais, a variedade e o estilo de linguagem adequados à situação comunicativa, ao(s) interlocutor(es) e ao gênero do discurso/gênero textual.

6. Analisar informações, argumentos e opiniões manifestados em interações sociais e nos meios de comunicação, posicionando-se ética e criticamente em relação a conteúdos discriminatórios que ferem direitos humanos e ambientais.

7. Reconhecer o texto como lugar de manifestação e negociação de sentidos, valores e ideologias.

8. Selecionar textos e livros para leitura integral, de acordo com objetivos, interesses e projetos pessoais (estudo, formação pessoal, entretenimento, pesquisa, trabalho etc.).

9. Envolver-se em práticas de leitura literária que possibilitem o desenvolvimento do senso estético para fruição, valorizando a literatura e outras manifestações artístico-culturais como formas de acesso às dimensões lúdicas, de imaginário e encantamento, reconhecendo o potencial transformador e humanizador da experiência com a literatura.

10. Mobilizar práticas da cultura digital, diferentes linguagens, mídias e ferramentas digitais para expandir as formas de produzir sentidos (nos processos de compreensão e produção), aprender e refletir sobre o mundo e realizar diferentes projetos autorais.

O referencial de competências selecionado abrange um vasto conjunto de saberes e experiências ligados ao conhecimento de múltiplas linguagens, à diversidade sociocultural e linguística, aos usos de variados códigos semióticos na produção e recepção de textos, ao papel da linguagem na construção de representações e veiculação de ideologias, ao respeito à diversidade, à apreciação estética e à construção de projetos discursivos autorais.

As competências expressam um conjunto de capacidades que só podem ser desenvolvidas mediante práticas de ensino socialmente situadas, sem negligenciar o processo de desenvolvimento cognitivo dos estudantes. Nesse sentido, há dois aspectos pedagógicos implicados na didatização dos saberes que merecem atenção especial no planejamento curricular: a organização e a progressão das aprendizagens. As capacidades, chamadas de habilidades no documento curricular, estão distribuídas nos quatro eixos estruturantes da Língua Portuguesa, de modo que temos habilidades de leitura, oralidade, produção de textos e análise linguística/semiótica. Essa forma de organizar as aprendizagens requer, como condição para promover o desenvolvimento das competências, uma articulação dos conteúdos dos quatro eixos:

> [...] os eixos de integração considerados na BNCC de Língua Portuguesa são aqueles já consagrados nos documentos curriculares da Área, correspondentes às práticas de linguagem: oralidade, leitura/escuta, produção (escrita e multissemiótica) e análise linguística/semiótica (que envolve conhecimentos linguísticos – sobre o sistema de escrita, o sistema da língua e a norma-padrão –, textuais, discursivos e sobre os modos de organização e os elementos de outras semioses). Cabe ressaltar, reiterando o movimento metodológico de documentos curriculares anteriores, que estudos de natureza teórica e metalinguística – sobre a língua, sobre a literatura, sobre a norma-padrão e outras variedades da língua – não devem nesse nível de ensino ser tomados como um fim em si mesmo, devendo estar envolvidos em práticas de reflexão que permitam aos estudantes ampliarem suas capacidades de uso da língua/linguagens (em leitura e em produção) em práticas situadas de linguagem (Brasil, 2018, p. 71).

A progressão das aprendizagens alocadas nesses eixos, ou seja, a organização dos saberes em função de sua complexidade e das condições de aprendizagem dos estudantes, leva em conta a articulação entre as competências, os campos de atuação, os gêneros textuais selecionados e os saberes específicos de cada eixo. Com base nesses pressupostos, a progressão fica evidente quando habilidades correlacionadas são distribuídas em diferentes anos de escolaridade. O Quadro 2 apresenta a progressão de aprendizagens envolvidas na produção do gênero artigo de opinião, programadas para serem desenvolvidas em dois anos escolares.

Quadro 2 – Progressão de aprendizagens

		CAMPO DE ATUAÇÃO JORNALÍSTICO-MIDIÁTICO	
Prática de linguagem	Objetos de conhecimento	Habilidades	
Produção de textos	Estratégia de produção: planejamento de textos argumentativos e apreciativos	8º ANO	9º ANO
		(EF89LP10) Planejar artigos de opinião, tendo em vista as condições de produção do texto – objetivo, leitores/espectadores, veículos e mídia de circulação etc. –, a partir da escolha do tema ou questão a ser discutido(a), da relevância para a turma, escola ou comunidade, do levantamento de dados e informações sobre a questão, de argumentos relacionados a diferentes posicionamentos em jogo, da definição – o que pode envolver consultas a fontes diversas, entrevistas com especialistas, análise de textos, organização esquemática das informações e argumentos – dos (tipos de) argumentos e estratégias que pretende utilizar para convencer os leitores.	

CAMPO DE ATUAÇÃO JORNALÍSTICO-MIDIÁTICO		
Textualização de textos argumentativos e apreciativos	(EF08LP03) Produzir artigos de opinião, tendo em vista o contexto de produção dado, a defesa de um ponto de vista, utilizando argumentos e contra-argumentos e articuladores de coesão que marquem relações de oposição, contraste, exemplificação, ênfase.	(EF09LP03) Produzir artigos de opinião, tendo em vista o contexto de produção dado, assumindo posição diante de tema polêmico, argumentando de acordo com a estrutura própria desse tipo de texto e utilizando diferentes tipos de argumentos – de autoridade, comprovação, exemplificação, princípio etc.

Fonte: adaptado de Brasil (2018).

As habilidades foram elaboradas em torno de dois blocos de objetos de conhecimento, um sobre estratégias de produção e planejamento de textos e outro sobre a textualização e construção de argumentos. Os procedimentos envolvidos no primeiro bloco de objetos estão programados, em sua totalidade, para dois anos (8º e 9º). Por outro lado, os procedimentos do segundo bloco têm sua distribuição especificada para cada ano.

4 CONSIDERAÇÕES FINAIS

A análise da BNCC realizada neste texto assumiu uma posição contrária à de Street (2014) quanto a uma oposição radical entre letramentos sociais e letramento escolar. Apresentamos e refutamos os argumentos que sustentam a avaliação de Street, fundada na oposição entre pedagogia tecnicista e pedagogia crítica. Em nossa análise, ficou evidente que a pedagogia das competências expressa um modelo educacional que se afasta do tecnicismo, seja na forma como define os objetivos educacionais, como integra fatores socioculturais, políticos e ideológicos, seja no desenho curricular que propõe. Assim, não faz nenhum sentido dizer que, na BNCC, o letramento curricular se opõe aos letramentos sociais.

É verdade que a oposição estabelecida por Street foi elaborada antes da publicação da BNCC, o que poderia ser utilizado como um contra-argumento à nossa crítica. No entanto, precisamos atentar para o fato de que a pedagogia crítica, em suas diversas vertentes, mantém o discurso de resistência às políticas de currículo, principalmente as baseadas no modelo das competências (Ramos, 2001; Pimenta, 2012; Malanchen; Matos; Orso, 2020). Logo, nossa crítica à tese de que a escola se distancia dos letramentos sociais mostra-se bastante relevante.

Não obstante, permanece o desafio de colocar em movimento toda a engrenagem desenhada pela BNCC. Para isso, o primeiro obstáculo a ser enfrentado diz respeito à necessidade de superação de uma crítica ultrapassada, que insiste em identificar a pedagogia das competências à pedagogia tecnicista. Esperamos que nossas reflexões sejam recebidas como contribuições relevantes nesse sentido.

REFERÊNCIAS

APPLE, M. *Ideologia e currículo*. 3. ed. Tradução de Vinicius Figueira. Porto Alegre: Artmed, 2006.

BRASIL. Ministério da Educação. *Base Nacional Comum Curricular*. Brasília: MEC, 2018.

COLL, C. (org.). *Psicologia do ensino*. Tradução de Cristina Maria de Oliveira. Porto Alegre: Artmed, 2008.

GIMENO SACRISTÁN, J. *Educar por competências*: o que há de novo? Tradução de Carlos Henrique Lucas Lima. Porto Alegre: Artmed, 2011.

GOODY, J. *A Domesticação da Mente Selvagem*. Tradução de Vera Joscelyne. Rio de Janeiro: Vozes, 2012.

MACEDO, L. Situação-problema: forma e recurso de avaliação, desenvolvimento de competências e aprendizagem escolar. *In*: PERRENOUD, P. *et al*. *As competências para ensinar no século XXI*: a formação dos professores e o desafio da avaliação. Porto Alegre: Artmed, 2002, p. 113-136.

MALANCHEN, J.; MATOS, N. S. D.; ORSO, P. J. *A pedagogia histórico-crítica, as políticas educacionais e a Base Nacional Comum Curricular*. Campinas: Autores Associados, 2020.

ONG, W. J. *Oralidade e cultura escrita*. Tradução de Enid Abreu Dobránsky. São Paulo: Papirus,1998.

PERRENOUD, P. *Desenvolver competências ou ensinar saberes?* A escola que prepara para a vida. Tradução de Laura Solange Pereira. Porto Alegre: Penso, 2013.

PIMENTA, S. G. Professor reflexivo: construindo uma crítica. *In*: PIMENTA, S. G.; GHEDIN, E. (org.). *Professor reflexivo no Brasil*: gênese e crítica de um conceito. 7. ed. São Paulo: Cortez, 2012. p. 20-62.

RAMOS, M. N. *A pedagogia das competências*: autonomia ou adaptação? São Paulo: Cortez, 2001.

ROOT, M. *Philosophy of social science*: the methods, ideals, and politics of social inquiry. Oxford: Blackwell, 1993.

SOARES, M. *Letramento*: um tema em três gêneros. São Paulo: Autêntica Editora, 1998.

STREET, B. V. *Literacy in theory and practice*. Cambridge: University Press, 1984.

STREET, B. V. *Letramentos sociais*: abordagens críticas do letramento no desenvolvimento, na etnografia e na educação. Tradução de Marcos Bagno. São Paulo: Parábola Editorial. 2014.

TAYLOR, Ch. Why we need a radical redefinition of secularism. *In*: BUTLER, J.; HABERMAS, J.; TAYLOR, Ch.; WEST, C. *The power of religion in the public sphere*. New York: Columbia University Press, 2011.

ZABALA, A.; ARNAU, L. *Métodos para ensinar competências*. Tradução de Grasielly Hanke Angeli. Porto Alegre: Penso, 2020.

A IMPORTÂNCIA DOS LETRAMENTOS DIGITAIS NA EDUCAÇÃO

Andréa Beatriz Hack de Góes

1 INTRODUÇÃO

Vivemos em uma sociedade cada vez mais conectada e dependente da tecnologia, em todas as esferas da existência, o que abrange desde as relações interpessoais até o mercado de trabalho e o desenvolvimento industrial e tecnológico.

Tamanhas mudanças impõem a necessidade de se desenvolver novas competências e habilidades requeridas no contexto do século XXI, tais como criatividade, senso crítico, capacidade para resolver problemas, colaboração e trabalho em equipe, autonomia e flexibilidade, bem como a disposição para estar continuamente aprendendo. (Dudeney *et al.*, 2016).

Nesse sentido, observa-se que as práticas de leitura e escrita também sofreram profundas alterações, visto que atualmente elas são cada vez mais mediadas pelas tecnologias. Os textos produzidos e disseminados em suportes digitais, na perspectiva do hipertexto e mais recentemente de inteligências artificiais (IAs) como o Generative Pre-Trained Tranformers (ChatGPT), por exemplo, oferecem uma diversidade de linguagens e recursos semióticos simultâneos disponíveis na superfície da tela, ao alcance do toque dos dedos.

Por isso, segundo Roxane Rojo (2013), a escola, enquanto principal agência de formação sistemática no seio da sociedade, não pode mais se furtar de abordar a hipertextualidade e trabalhar as relações entre as diversas linguagens presentes nos textos da hipermídia. Para a autora, na era das chamadas "linguagens líquidas", competências variadas são requeridas, e é preciso "[...] enxergar o aluno em sala de aula como o nativo digital que é: um construtor-colaborador das criações conjugadas na era das linguagens líquidas" (Rojo, 2013, p. 8).

Na prática, isso significa desenvolver habilidades, tais como letramentos culturais e colaborativos, letramentos críticos e também os letramentos digitais, foco do presente artigo.

De acordo com Dudeney *et al.* (2016, p. 17), os letramentos digitais consistem em "[...] habilidades individuais e sociais necessárias para interpretar, administrar, compartilhar e criar sentido eficazmente no âmbito crescente dos canais de comunicação digital". Os autores defendem que tais habilidades são necessárias para o uso eficiente das tecnologias hoje disponíveis e em constante evolução e transformação, o que é reforçado pela difusão crescente da popularização das IAs, como o Chat GPT, pois possibilitam localizar recursos, comunicar ideias, numa rede colaborativa que suplanta limites sociais, econômicos e até mesmo pessoais.

Nesse sentido, é importante frisar a intrínseca relação entre língua e letramento, visto que a primeira continua sendo a base do segundo, marcada atualmente pela necessidade de se lançar mão de diferentes formas de criar e compartilhar sentidos, numa relação interativa que mescla os papéis de autor e leitor, antes delineados e definidos de forma bastante distinta no âmbito da cultura do impresso. Diante do hibridismo linguístico e cultural vigente, que ressignifica referências e elementos culturais revisitados em gêneros multissemióticos marcados pela multimodalidade linguística, fica claro que o letramento digital é muito mais poderoso e empoderador que o analógico, não obstante o fato de ser proveniente deste e se alimentar de todo o acervo de conhecimento e cultura que comporta.

Para Dudeney *et al.* (2016), o ensino de língua na escola só continuará sendo relevante se for capaz de incorporar múltiplos letramentos, conforme já citado, além do impresso tradicional. Eles vão ainda mais longe ao afirmar que "[...] ensinar língua exclusivamente através do letramento impresso é, nos dias atuais, fraudar nossos estudantes no seu presente e em suas necessidades futuras." (Dudeney *et al.*, 2016, p. 19).

Promover e garantir espaço para uma maior colaboração e troca entre atores nos processos de ensino e aprendizagem não apenas na área de língua, mas em todas as áreas do conhecimento e nos diferentes níveis de escolaridade, proporciona uma instigante descentralização do saber e da produção de conhecimentos, que passa a não ser prerrogativa exclusiva do professor, mas uma ação concretamente compartilhada com os estudantes. Tal postura exige uma nova dinâmica em sala de aula, não mais centrada na figura docente. O grande ganho dessa verdadeira quebra de hierarquia é o consequente investimento na autonomia e protagonismo do aluno, que precisa mais do que nunca ser preparado para a vida social, para o exercício crítico e consciente de uma cidadania cada vez mais global e compartilhada e para um mercado de trabalho variado e complexo, parâmetros de um mundo digitalmente conectado. Desse modo, no contexto emergente e difuso da internet, usuários não são apenas consumidores passivos de conteúdos em constante renovação, mas "[...] colaboradores ativos de uma cultura partilhada." (Dudeney *et al.*, 2016, p. 18).

Adiante, teremos uma apresentação mais detalhada dos letramentos digitais, com base na obra *Letramentos digitais*, de Gavin Dudeney, Nicky Hockly e Mark Pegrum (2016), traduzida por Marcos Marcionilo, com foco na linguagem.

2 LETRAMENTOS DIGITAIS E LINGUAGEM: SIMPLES TROCA DO PAPEL PELA TELA?

É bastante comum nas escolas o uso de gêneros multiletrados em suportes impressos nos processos de ensino e aprendizagem de linguagem, como jornais, revistas, charges, tiras, HQs, peças publicitárias, etc. Mas e quanto aos gêneros digitais, que circulam e são produzidos, geralmente a muitas mãos (e mentes!) em ambientes digitais? Quais são os impactos e as possibilidades que essas novas formas de se produzir e compartilhar conhecimentos e cultura, pautados nas tecnologias da informação e comunicação (TICs), têm na escola?

Segundo Henry Jenkins (2009, p. 29), "Antes de os estudantes poderem se engajar na nova cultura participativa, eles têm de ser capazes de ler e de escrever". Ou seja, as novas mudanças nas formas de leitura e de escrita, que marcam indelevelmente a própria produção e difusão de conhecimentos e cultura, conforme já dito, não prescindem das habilidades de leitura e escrita tidas como "convencionais". Isso ocorre porque boa parte da comunicação digital, não obstante a multimodalidade de linguagens disponibilizadas pelos dispositivos tecnológicos, ainda se baseia na escrita.

No entanto, uma das grandes vantagens dessas práticas de escrita nos espaços e suportes digitais está no fato de que as possibilidades de interação e troca são sobremaneira expandidas e mesmo verticalizadas. Assim, a perspectiva de ter seus registros e produções lidos por seus pares e por um público mais amplo (não apenas o professor enquanto avaliador, em uma situação ordinária avaliativa escolar), faz com que os alunos se sintam mais motivados a escrever. Além disso, conforme bem observam

Dudeney *et al.* (2016), o espaço *online* também costuma ser marcado por uma competição acirrada por atenção, devido à farta e inesgotável oferta de conteúdos, o que impõe a necessidade de uma cuidadosa atenção à escrita, elaboração e articulação linguística do que vai ser publicado ou postado.

    Ainda em consonância com o que defendem os autores, aqui não se advoga, em absoluto, a eliminação de práticas de leitura e escrita pautadas no suporte impresso, numa simples e perigosamente precipitada troca do papel pela tela. Habilidades motoras finas desenvolvidas por meio da escrita manual, bem como a leitura marcadamente linear de textos impressos, isentos da formatação dinâmica dos recursos multimodais do hipertexto, ainda têm grande relevância cognitiva, e não podem ser simplesmente eliminadas pelos suportes tecnológicos, geralmente pouco afeitos a questões de natureza gramatical e ortográfica, das quais a escola não pode deixar de se ocupar. Isso acontece porque tais habilidades continuam sendo requeridas em diversos espaços, especialmente os marcados pelos usos formais da língua.

3 LETRAMENTOS DIGITAIS E O CÓDIGO DO SMS (SHORT MESSAGE SYSTEM) — "INTERNETÊS": PROBLEMA OU GANHO PARA A LÍNGUA?

    Muitos professores de língua portuguesa são assombrados pelo fantasma do chamado "internetês", acreditando que essa modalidade de uso da língua, que se configura como uma espécie de "código dentro do código", vai fazer os alunos em processo de aprendizagem do sistema formal da língua "desaprenderem o português", ou "aprenderem errado". Contudo, é importante esclarecer e mesmo salientar que, na perspectiva da diversidade linguística, tanto escrita quanto oral, o internetês consiste tão-somente em mais uma variedade linguística, pertinente à modalidade escrita e que surgiu da necessidade de uma comunicação escrita mais rápida e ágil.

    Utilizado inicialmente em salas de bate-papo *online* e em mensagem de texto (SMS), teve seu uso consolidado em plataformas como o WhatsApp e o Twitter. O internetês tem como característica marcante a supressão de elementos gráficos ou caracteres (o que atinge principalmente a acentuação e pontuação gráfica, além da supressão de letras, especialmente as vogais), cujo objetivo é emprestar o dinamismo e ritmo típico da oralidade à comunicação escrita, o que o situa "[...] em algum lugar entre a fala e a escrita." (Dudeney *et al.*, 2016, p. 24).

Além disso, linguistas evidenciam que o internetês não fere a estrutura da língua em seus aspectos nucleares, como morfologia, fonologia e sintaxe. Contudo, é importante frisar que seu uso tem contextos bastante específicos e definidos, e o que pode acarretar problemas é quando este ocorre em situações de uso da escrita fora das redes, como em trabalhos escolares, por exemplo. Ainda assim, pesquisas sobre os efeitos do internetês no desenvolvimento linguístico dos mais jovens revelam, surpreendentemente, que estes são positivos, pois até "[...] para torcer as regras linguísticas você tem, para começar, de conhecê-las." (Dudeney *et al.*, 2016, p. 24.)

Segundo Crystal (2008), os jovens sabem da distinção entre o internetês e a língua padrão, que precisa, sim, continuar a ser ensinada nas escolas. Ainda assim, o risco está justamente na possibilidade de uso do internetês, de maneira intencional ou não, em contextos impróprios, como ocorre eventualmente com as gírias, inadequadas em situações de uso mais formal e monitorado da língua, especialmente na modalidade escrita.

Portanto, o internetês (que é amplamente utilizado também por adultos, não apenas pelos mais jovens) se coloca como mais um efeito dessa tendência digital contemporânea marcada pela efemeridade, fragmentação e rapidez da escrita. Isso se reflete também numa postura crescente de impaciência e perda de significado do estudo e observação das regras linguísticas, o que na prática se coloca como um desafio para os professores de língua.

De acordo com Hilgert (2000), as interações comunicativas no ambiente virtual em geral, independentemente da plataforma ou dispositivo utilizado, são marcadas pela reoralização, que implica a agregação de um caráter de "falado" ao conteúdo escrito. Tal característica inside num ritmo de interlocução (predominantemente escrita) bastante rápido, a semelhança das conversas orais, pois proliferam enunciados breves, curtos, num estilo de linguagem informal, muitas vezes deliberadamente despojado, mesmo entre pessoas que não se conhecem de fato, mas se sentem próximas no ambiente comum e ultra democrático da rede.

A tentativa de, no registro escrito, "imitar" ou reproduzir a dinâmica intensa e ágil da fala resulta no internetês, o qual contribui ainda para reforçar, no espaço da rede, uma sensação de proximidade entre internautas, desconhecidos ou não. O aparente despojamento de formalidade marcado por esse tipo de código gera uma familiaridade artificial, o que se consolida também pelo uso intenso de elementos visuais, os famosos e simpáticos "emojis", que agregam uma multimodalidade linguística disponível e potencializada sobremaneira pelos recursos tecnológicos. Essa multiplicidade de linguagens, além de chamar a atenção e seduzir seus usuários por seu caráter subjetivo, descontraído e afetivo, visto que explora o humor e a sensibilidade, também costuma promover uma melhor aceitação e adesão aos conteúdos e ideologias veiculados nesses espaços.

Portanto, cabe frisar que trazer a tecnologia para a sala de aula implica em muito mais do que simplesmente "trocar o quadro e o papel pela tela", como tem ocorrido em vários estabelecimentos de ensino, à guisa de se atentar apenas para um modismo superficial, de caráter muitas vezes mais comercial e político do que propriamente pedagógico. Para Magda Soares (2002, p. 146):

> A tela, como novo espaço de escrita, traz significativas mudanças nas formas de interação entre escritor e leitor, entre escritor e texto, entre leitor e texto e, até mesmo, mais amplamente, entre o ser humano e o conhecimento. [...] A hipótese é de que essas mudanças tenham consequências sociais, cognitivas e discursivas, e estejam, assim, configurando um letramento digital, isto é, um certo estado ou condição que adquirem os que se apropriam da nova tecnologia digital e exercem práticas de leitura e de escrita na tela, diferente do estado ou condição – do letramento – dos que exercem práticas de leitura e de escrita no papel.

Isso significa dizer que utilizar a tecnologia e suas infinitas possibilidades como ferramenta de ensino e aprendizagem requer, antes de mais nada, problematizar teoricamente objetos como o hipertexto, do qual falaremos adiante, e os gêneros digitais, considerando conscientemente suas potencialidades e sua inserção social generalizada, numa perspectiva crítica. E isso, por sua vez, impõe uma intervenção didática consistente e teoricamente embasada, por parte de profissionais bem formados e bem preparados.

4 HIPERTEXTO E MULTIMODALIDADE: LEITURA OU NAVEGAÇÃO?

Apesar de não ser exclusivo nem ter "nascido" com a internet, o hipertexto, em sua formatação atual, é conhecido como um texto ao qual se agregam outros conjuntos de informação na forma de blocos de textos, palavras, imagens ou sons, cujo acesso se dá através de referências específicas denominadas hiperlinks, ou simplesmente links. Esses links ocorrem na forma de termos destacados no corpo do texto principal, ícones gráficos ou imagens e têm a função de interconectar os diversos conjuntos de informação, oferecendo acesso sob demanda às informações que estendem ou complementam o texto principal.

Nessa configuração, os links se colocam como convites a uma "mudança de rumo" no acesso e na leitura do conteúdo principal, oferecendo outras possibilidades, o que estabelece como uma das características do hipertexto sua não linearidade. Ou seja, o leitor tem a possibilidade de exercer sua autonomia ao estabelecer um percurso próprio de leitura e acesso aos conteúdos disponibilizados nos links, que por sua vez podem estar configurados em uma multimodalidade de linguagens suportadas pela plataforma.

Daí que vem o termo "navegação", já que, diferente de uma certa imposição estática própria da formatação impressa, o hipertexto permite que o leitor faça suas próprias escolhas, as quais sempre podem ser diferentes. Segundo Bonilla e Souza (2012), o hipertexto consiste em uma forma de organizar informações, composto a partir da retomada e transformação de elementos de outras mídias — índice, referências cruzadas, sumário, legendas, incluindo a dimensão audiovisual, como palavras, imagens, gráficos, sons, movimento —, elementos esses que lhe conferem um aspecto dinâmico e de multimídia.

Contudo, há também armadilhas pelo caminho. Um excesso de links, ao contrário da consistência teórica e diversidade enriquecedora de informações que pareçam prometer, pode simplesmente remeter o "navegador" incauto a fontes similares, que pouco ou nada acrescentam à questão principal. Relacionado a isso, outro efeito que pode resultar negativo da profusão de links, a despeito de sua relevância cognitiva, é a dispersão da leitura, perda do foco e consequente redução da compreensão e assimilação de conhecimentos.

Portanto, ainda que muitos estudantes mais jovens pareçam dominar com familiaridade e segurança os recursos tecnológicos, talvez até sobrepujando o desempenho dos adultos professores, quando se trata de ações mais específicas e monitoradas, com objetivos educacionais ou mesmo profissionais (não apenas entretenimento e interação social), eles necessitam de orientação e apoio. Aí está a crucial importância do papel do professor nesse novo contexto, não mais como detentor e fonte de conhecimentos, conforme já dito, mas como orientador mais experiente e crítico, capaz de ajudar o aluno a fazer escolhas mais coerentes e conscientes, não apenas em relação ao acesso a links, como também na inserção deles em seus próprios textos.

O professor precisa ajudar o aluno a "[...] desenvolver estratégias para lidar com a prática cada vez mais comum de hiperlincar seções de imagens ou vídeos" (Dudeney *et al.*, 2016, p. 27), de modo a torná-lo capaz, inclusive, de avaliar a necessidade e importância de leituras *offline*, evitando assim cair no "canto da sereia" de conteúdos que, embora mais atrativos visualmente, não são necessariamente adequados ou mesmo confiáveis.

5 LETRAMENTOS DIGITAIS E MULTIMODALIDADE: O DINAMISMO SEDUTOR E IRRESISTÍVEL DA MULTIMÍDIA

De acordo com o que foi afirmado no tópico anterior, conteúdos desenvolvidos e apresentados em múltiplas linguagens simultâneas (agregando som, imagem, movimento e escrita), tudo exposto numa tela, costumam ser muito mais atrativos e interessantes do que aqueles que se pautam em apenas uma ou duas modalidades, o que é típico do suporte impresso. As novas tecnologias de leitura e escrita possibilitam configurações textuais multimidiáticas que, por sua vez, impõe diferentes práticas de leitura calcadas nos letramentos digitais. A linguagem digital consegue reunir em si diferentes modalidades linguísticas, capazes de promover modificações e reconfiguração de conteúdos originários de outras mídias. Segundo Lemke (2019 *apud* Rojo, 2013, p. 21):

> A próxima geração de ambientes de aprendizagem interativos incluirá imagens visuais, som, vídeo e animação, todos práticos quando houver velocidade e capacidade de armazenamento, que permitirão acomodar essas formas de significação topológicas densamente informativas. [...] Essas mídias mais topológicas não podem ser indexadas e inter-referenciadas por seu conteúdo interno [...] mas precisam ser tratadas como "objetos" integrais. Mesmo assim, como objetos, elas podem se tornar nódulos para hiperlinks, e assim nasce a hipermídia.

O autor compara a capacidade de criação ou autoria, bem como a respectiva crítica, às competências de produção de texto e leitura, estabelecendo assim uma relação dialética que envolve, por um lado, reiteração dessas práticas moldadas no padrão convencional impresso e, por outro, uma certa continuidade que expande sobremaneira os limites severamente restritos da educação tradicional para o letramento. Por isso, o letramento multimídia diz respeito à "[...] habilidade de interpretar e de criar efetivamente textos em múltiplas mídias, especialmente usando imagens, sons e vídeo." (Dudeney *et al.*, 2016, p. 27).

Devido a essa mescla de linguagens, esse tipo de letramento é situado no contexto da internet, capaz de atuar com todas as mídias, simultaneamente ou não. Segundo David Crystal (2008), no mundo multimídia é impossível focar exclusivamente no elemento falado ou escrito, tratando tudo o mais como estando à margem — como extras não linguísticos. Todos os elementos se combinam em um único ato comunicativo e seus papeis conjuntos têm de ser levados em conta (Dudeney *et al.*, 2016).

Mais do que simplesmente entender, o letramento multimídia pressupõe que o estudante se torne capaz de produzir mensagens multimídia, compondo textos que agreguem imagens, sons e vídeos à linguagem verbal escrita. Nesse sentido, o professor também pode incentivar e orientar seus alunos a buscar e explorar sites que disponibilizem recursos semióticos variados, como imagens, vídeos, músicas etc., nos quais eles possam encontrar recursos multimídia para usar em seu próprio trabalho, bem como compartilhar com outros, desenvolvendo assim seu protagonismo produtivo e autonomia.

É interessante observar que, não obstante a existência de leis de proteção à privacidade *online* de crianças e adolescentes, as quais obrigam plataformas como o Facebook, por exemplo (já quase em desuso pelos mais jovens, que já a descrevem com "rede social de velhos") a definir como 13 anos a idade mínima de acesso, é muito provável que boa parte dos alunos, mesmo de faixas etárias menores, sejam usuários dessa rede social, bem como de outras, como Twitter, Instagram, Pinterest, TikTok, entre outras, e desde seu surgimento, em novembro de 2022, da IA que consiste num sistema de linguagem altamente complexo e ultra rápido: o ChatGPT. Tais práticas nivelam professores e alunos numa mesma condição de usuários, ainda que os percursos e interesses dentro desses espaços sejam bastante variados. Por isso, alguns educadores, especialmente os que atuam nos anos finais do fundamental dois e no ensino médio, se apropriam desses espaços virtuais, convertendo-os em ambientes de aprendizagem alternativos e complementares, obtendo boa aceitação por parte dos estudantes e angariando resultados positivos para a aprendizagem. Porém, nesses casos, cabe salientar a importância da adoção de critérios de uso que preservem as relações entre professores e alunos, e entre alunos e alunos nos limites do que cabe aos processos de ensino e aprendizagem, com foco na troca e partilha de conhecimentos.

6 CONCLUSÃO

Reconhecer a necessidade de se introduzir as tecnologias digitais presentes de forma irreversível e cada vez mais ampla no mundo atual — TDICs — na escola mediante a utilização e a incorporação de recursos didáticos digitais às estratégias pedagógicas é algo cada vez mais consensual e quase que imperativo, em face das demandas oriundas de uma sociedade digitalmente conectada e que vem reconfigurando profunda e rapidamente suas relações sociais, de trabalho e produção de conhecimentos. A emergência e a inexorabilidade dessas mudanças têm marcado a construção de currículos com a preocupação em preparar os estudantes para as exigências do contexto hodierno, o que inclui desenvolver as competências inerentes aos letramentos digitais, mesmo em ambientes ainda pobres em suporte tecnológico, o que ainda é o caso de boa parte das escolas públicas.

Não obstante a ainda identificada prevalência do suporte impresso, é crucial que se enfrente o desafio do direito à inclusão digital, deficitário principalmente para aqueles mais desfavorecidos economicamente, o que vale tanto para indivíduos quanto para comunidades inteiras, especialmente em periferias e no interior.

Se numa mesma sala de aula temos estudantes cuja estrutura material familiar lhes garante o acesso a diferentes recursos tecnológicos, o desafio dos professores, com as coordenações escolares, é buscar meios para ao menos reduzir essa defasagem no que diz respeito ao letramento digital dos estudantes sem acesso à tecnologia, ou com acesso mais restrito. Segundo Neuman (1991 *apud* McLeod, 2012):

> Estudantes economicamente desfavorecidos, que usam frequentemente o computador para reforço e habilidades básicas, aprendem a fazer aquilo que os computadores dizem para fazer, ao passo que estudantes mais favorecidos, que usam o computador para aprender a programar e a usar aplicativos instrumentais, aprendem a dizer ao computador o que ele deve fazer.

Uma saída bastante promissora para uma dificuldade estrutural ainda bastante generalizada no contexto da escola pública brasileira é a parceria entre professores e estudantes com melhores condições de acesso às TDICs e, consequentemente, mais letrados digitalmente, para auxiliar aqueles que têm menos acesso. Isso pode ser especialmente positivo porque contribui para estabelecer relações descentralizadas na figura do professor, ao mesmo tempo que promove o protagonismo e a autonomia dos alunos.

Mesmo em face das tantas e irreversíveis mudanças trazidas pela imersão tecnológica e em face do advento das IAs na sociedade atual, a escola continua sendo a principal responsável pela formação de cidadãos críticos, conscientes e solidários. São as exigências quanto ao tipo de competências e habilidades requeridas pelo mercado de trabalho e mesmo no contexto das relações sociais, cada vez mais mediadas e dependentes dos dispositivos e plataformas digitais, que mudaram. E mesmo na emergência de novos espaços de aprendizagem, com ampla variedade e multiplicidade de recursos, continua atual e relevante a necessidade de ensinar também os aprendizes do século XXI a se comunicarem de forma eficiente, reconhecendo o valor da aprendizagem contínua tanto dentro quanto fora da sala de aula.

REFERÊNCIAS

BONILLA, M. H. S.; SOUZA, J. S. S.. Articulações entre cursos de formação de professores, escolas e projetos de inclusão digital: possibilidades para a vivência plena da cultura digital. *Linhas* – Revista Programa de Pós Graduação em Educação. Florianópolis, v. 13, n. 2, jul./dez. 2012. Disponível em: https://repositorio.ufba.br/ri/bitstream/ri/11704/1/Bonilla%20M%20H%20Parte%201.pdf. Acesso em: 11 abr. 2019.

CRYSTAL, D. *Txtng:* The Gr8 Db8. Oxford: Oxford university Press, 2008.

DUDENEY, G.; HOCKLY, N.; PEGRUM, M. *Letramentos Digitais*. Trad. de Marcos Marcionilo. São Paulo: Parábola Editorial, 2016.

HILGERT, J. G. A construção do texto "falado" por escrito: a conversação na internet. *In*: PRETI, D. (org.). *Fala e escrita em questão*. São Paulo: Humanitas: FFLCH/USP, 2000.

JENKINS, H. *Cultura da con*vergência. 2. ed. São Paulo: Aleph, 2009.

MCLEOD, S. Economically – Disadvantaged Students Learn to Do What the Computer Tells Them. Dangerously Irrelevant. Disponível em: http://dangerouslyirrelevant.org/2012/03/economically-disadvantaged-students-learn-to-do-what-the-computer-tells-them.html. Acesso em: 22 ago. 16.

ROJO, R. (org.). *Escol@ conectada*: os multiletramentos e as TICs. São Paulo: Parábola, 2013.

SOARES, M. Novas práticas de leitura e escrita: letramento digital. *Educação e Sociedade*, Campinas, v. 23, n. 81, p. 143-160, dez. 2002. Disponível em: http://www.cedes.unicamp.br. Acesso em: 12 jul. 2024.

CULTURA E RELIGIOSIDADE AFRO-BRASILEIRA EM JUBIABÁ: UM ESTUDO LEXEMÁTICO

Luana Cristine da Silva
Maria da Conceição Reis Teixeira

1 INTRODUÇÃO

Jubiabá, quarto texto de Jorge Amado, publicado em 1935, narra o crescimento psicológico, identitário, social e cultural de Antônio Balduíno, um dos primeiros heróis negros da literatura brasileira. Para além, o romance estabelece conexões com a cultura nordestina e, consequentemente, a afro-brasileira ao relacionar a história de vida de personagens ficcionais com a de pessoas emblemáticas integrantes da história do Brasil, como, por exemplo, Lampião, Zumbi dos Palmares e Lucas da Feira, colocando a população negra em posição de protagonismo na sociedade baiana.

Em função da peculiaridade do uso da linguagem ao construir suas narrativas, cujos personagens principais de suas tramas são sujeitos marcados por uma identidade linguística e cultural com forte presença dos baianos, definimos tomar seu romance de formação, *Jubiabá*, como objeto de pesquisa lexicológica, por acreditarmos que o léxico é um caminho para acessar, preservar e difundir os conhecimentos relativos à história social de um povo que usa uma dada língua. Nessa direção, traçamos como objetivo geral empreender estudo lexemático do vocabulário utilizado dor Jorge Amado na referira obra, recorrendo aos princípios teóricos e metodológicos da Semântica Estrutural, particularmente no que concerne à teoria dos Campos Lexicais de Eugenio Coseriu (1981). O texto, ainda, é uma pequena amostra da Dissertação de Mestrado em Estudo de Linguagens (PPGEL), defendida em 2024 pela Universidade do Estado da Bahia, intitulada "O vocabulário de Jorge Amado em Jubiabá: um estudo lexemático", que abrange os campos da cultura afro-brasileira, da religiosidade e do trabalho. Para o momento, selecionamos o campo lexical da culinária afro-brasileira e o campo lexical das entidades religiosas documentadas pelo autor no referido romance.

Na realização do estudo de caráter bibliográfico e analítico, os procedimentos metodológicos utilizados foram o mapeamento do material bibliográfico sobre o autor e sua obra, sobre o contexto de produção e circulação da obra, a seleção das lexias pertencentes à temática cultura e religiosidade afro-brasileira, a organização e a hierarquização em campos lexicais. Para a constituição do *corpus*, empregamos as técnicas comumente aplicadas pela Linguística de *Corpus*, recorrendo ao auxílio da ferramenta computacional *AntConc* (2014), criada pelo professor Laurence Anthony, da Universidade de Waseda. Para a elaboração das entradas lexicais, foram consultadas as seguintes obras lexicográficas da Língua Portuguesa: Dicionário Houaiss da Língua Portuguesa (2009) e os dicionários online Michaelis (2023) e Priberam (2023).

Em síntese, este texto está dividido em três partes, além da introdução e das considerações finais. Primeiro, tecemos breve ponderação sobre a representação da cultura e da religiosidade em *Jubiabá*. Em seguida, discutimos o estudo do vocabulário a partir da teoria dos Campos Lexicais, desenvolvida pelo linguista romeno Eugênio Coseriu (1981). Por fim, são feitas a análise e a organização das lexias em dois campos lexicais e seus respectivos microcampos.

2 A REPRESENTAÇÃO DA CULTURA E DA RELIGIOSIDADE AFRO-BRASILEIRA EM *JUBIABÁ*

A associação entre linguagem, cultura e sociedade faz parte da vida em comunidade desde os primórdios da escrita, e antes disso através da oralidade. Nesse processo, a humanidade aprendeu a documentar em letras suas experiências e a passá-las para as próximas gerações. A cultura, para Laraia (2001, p. 44), "[...] é um processo acumulativo, resultante de toda a experiência histórica das gerações anteriores. Este processo limita ou estimula a ação criativa do indivíduo". Nessa direção, o autor de *Jubiabá* ilustra elementos da cultura popular na narrativa demonstrando esse processo acumulativo por meio de referências históricas e experiências ancestrais, compartilhadas por intermédio da contação oral e da representação dos elementos afro-brasileiros, identificados na culinária e na religião, originárias dos africanos forçados à diáspora no Brasil.

Quando falamos em representação, estamos nos referindo a uma das práticas culturais que conecta o sentido e a linguagem à cultura. Stuart Hall (2016, p. 31) defende essa ligação ao alocar a representação como "parte essencial do processo pelo qual os significados são produzidos e compartilhados entre os membros de uma cultura". Assim sendo, quando Jorge Amado se utiliza da linguagem para representar aspectos culturais de determinada comunidade, ele produz novos sentidos, disseminando-os. Essa representação é apresentada em *Jubiabá* por meio de traços da vida social baiana do século XX, utilizando-se para tanto do personagem Antônio Balduíno, desde a sua infância no morro do Capa-Negro até a vida adulta como um líder sindicalista.

Estruturado em três partes, o romance narra o crescimento identitário do protagonista e suas referências da cultura afro-brasileira. Na primeira parte, "Bahia de Todos os Santos e do pai de santo Jubiabá", inicia-se com um prólogo apresentando o protagonista como um lutador de boxe de sucesso. No contexto, o negro Antônio Balduíno lutava contra Ergin, o alemão, no largo da Sé. O campeão baiano duela contra o campeão da Europa Central. Todos os trabalhadores, estudantes e operários de todas as cores se juntaram para ver a vitória de Baldo, o derrubador de brancos. Esse início demarca a simbologia da luta como um caminho para os trabalhadores e descendentes de escravizados em um período marcado pelo racismo, menos de cinquenta anos após a abolição da escravatura no Brasil.

Nessa primeira etapa, a infância de Balduíno é contada no morro do Capa-Negro, periferia de Salvador, local onde encontra as referências necessárias para o seu crescimento identitário e sua inserção na vida malandra posteriormente. Aos 8 anos já chefiava a "quadrilha de molecotes" do morro, demonstrando o seu espírito de liderança. Criado por sua tia Luiza, aprendeu sobre a vida com as histórias que ela lhe contava, os ABC e os sambas contados e cantados pelos moradores do morro, em especial Zé Camarão, que o ensinou a lutar capoeira e a tocar violão, desenvolvendo o seu talento como compositor. Teve ainda como guia espiritual o pai de santo Jubiabá, reconhecido pela idade avançada, sabedoria e conhecimento ancestral. A "girada de chave" da sua vida ocorre após se tornar definitivamente órfão e se mudar para a Travessa Zumbi dos Palmares, endereço do comendador Pereira e sua família. Lá conhece a menina Lindinalva, com quem constrói uma bela amizade até o dia em que uma mentira da empregada faz com que Baldo fuja de casa aos 15 anos. Nesse período, vira mendigo e líder de um bando de moleques pedintes, tem o seu primeiro contato com a luta grevista em uma manifestação no cais e investe na carreira de músico e compositor de sambas, garantindo o sustento com a comercialização das composições. Aos 18 anos, ao ser observado em uma briga, sua carreira no boxe tem início e acaba se tornando campeão baiano de todos os pesos. Sua carreira como boxeador é encerrada ao saber que Lindinalva fica noiva de um advogado, momento em que decide mudar para o Recôncavo Baiano.

Na segunda parte, intitulada "Diário de um negro em fuga", viaja para Cachoeira à procura de trabalho e acaba trabalhando na plantação de fumo por falta de opções. Com o trabalho pesado e braçal, percebe a desigualdade social no sistema em que o empregado, mesmo antes de receber o pagamento, já devia ao patrão pela moradia provisória e precária, num círculo vicioso de fome e pobreza. Após uma briga por uma menina órfã, Baldo foge pela plantação, pois acreditava que havia matado o homem e estava sendo caçado pelo crime que imaginava ter cometido. Na fuga, machuca o rosto com um espinho venenoso. Consequentemente, passa a ter alucinações por conta da dor e da fome, mas consegue sobreviver ao encontrar água e a casa de um velho na floresta, sendo cuidado por três dias. Com isso, decide voltar a Salvador no vagão de um trem escondido e, ao chegar à Feira de Santana, o personagem encontra o seu antigo empresário do período de lutador que insiste em contratar o amigo para o Grande Circo Internacional, quase falido. Entretanto, Baldo aceita o trabalho por amizade a Luigi e para ficar perto de uma das integrantes, Rosenda Rosedá. O circo acaba finalmente falindo e eles voltam para a capital. Na terceira e última etapa do romance, intitulada de "ABC de Antônio Balduíno", é uma finalização de toda a trajetória vivida por Antônio Balduíno ao se descobrir um pai de família responsável.

Interessante observar que, no morro do Capa-Negro, em *Jubiabá*, todas essas figuras da cultura do cangaço nordestino fazem parte da construção identitária de Baldo e remontam a ancestralidade fortalecida pela contação de histórias. Esses heróis do povo são disseminados oralmente, na literatura de cordel e no poema chamado ABC, caracterizado por narrar biografias de personalidades consideradas corajosas por praticar um ato heroico. A história de Lucas da Feira, especialmente, apresenta um homem negro notável que se recusou a ser escravizado, mas que não tinha opções de sobrevivência.

Outro aspecto representativo da cultura se trata da religiosidade, uma das marcas registradas das obras Amadianas, visto que o autor foi apresentado muito cedo ao candomblé mediante personalidades como

Mãe Menininha do Gantois, Pai Procópio, Mãe Aninha e Pai Martiniano Eliseu do Bonfim quando firmou residência em Salvador, onde sua relação com as religiões de matriz africana se intensificou, e passou a refletir também em suas publicações. No caso do livro em análise, o nome da narrativa dá a entender que o personagem principal seria homônimo, o que não acontece.

Na trama, os costumes culinários dos ancestrais africanos foram transplantados da África para o Brasil. Tais costumes percorrem toda a narrativa e ganha contornos especiais com a tia do personagem — uma mulher negra que vendia mungunzá nas ruas — e com as referências religiosas adquiridas do convívio com o pai de santo Jubiabá, seu mestre, responsável por transmitir-lhes lições sobre Zumbi dos Palmares, sobre a importância da proteção dos orixás e sobre a valorização do legado dos ancestrais. Ademais, é importante salientar que todos os tópicos aqui abordados permeiam a sua identidade racial. Assim sendo, é por meio da linguagem, especialmente por meio das escolhas lexicais que a identidade do povo negro e a cultura popular da capital baiana são representadas em *Jubiabá*, refletindo aspectos da comunidade descrita e de seu acervo cultural.

3 ELEMENTOS DA CULTURA E DA RELIGIOSIDADE AFRO-BRASILEIRA: ANÁLISE DOS CAMPOS LEXICAIS

Conforme dito no tópico anterior, Jorge Amado, ao escrever seu romance *Jubiabá*, faz uso singular da linguagem, recorrendo ao inventário lexical da língua, mas atribuído propriedades semânticas muito específicas, dando as lexias uma tonalidade da cultura do povo retratado em sua narrativa. Essa singularidade nos permite identificar marcas identitárias da cultura afro-brasileira. Uma das formas de adentrar nesse universo é utilizando as lentes da Lexicologia para realizar mapear algumas peculiaridades do vocabulário utilizado pelo autor.

Para a Lexemática, as línguas apresentam significado na percepção de que "o conteúdo linguístico é composto de significação (conteúdo linguístico de determinada língua), designação (relação com a realidade extralinguística) e sentido (conteúdo especial de um texto ou de uma unidade de texto)" (Abbade, 2015, p. 77). Essa visão da língua é essencial à Teoria dos Campos Lexicais, pois permite o seu desenvolvimento e o fundamento para o estudo lexicológico do vocabulário de Jorge Amado em *Jubiabá*. Por isso, quando um vocabulário é estruturado em campos lexicais, as lexias são analisadas em conjunto, unidas pelo valor do campo, subdividindo-se em valores mais determinados, opondo-se entre si por diferenças mínimas de conteúdo lexical (Coseriu, 1981). Nesse sentido, cada campo lexical só terá significação a partir do grupo de palavras hierarquizadas a partir do significado conceitual, sem a necessidade de estruturas perfeitas, já que dependem do tipo de relação com a realidade extralinguística que se forma a partir da visão semântica.

Na análise, buscamos organizar as lexias integrantes do *corpus* seguindo os princípios da Teoria dos Campos Lexicais postulada por Coseriu, dispondo cada item lexical conforme a hierarquia do valor semântico atribuído por Jorge Amado em seu romance, levando-se sempre em consideração a organização e estruturação da sociedade baiana dentro do cenário político e social de 1935. Em função dos limites impostos pelas normas para a produção do presente texto, a partir dos próximos parágrafo, trateamos na análise das lexias classificadas como pertencentes aos campos lexicais da culinária e das entidades.

Iniciaremos pelo campo lexical da culinária, seguida do campo das entidades, representantes da cultura e da religiosidade afro-brasileira, respectivamente, para entrever as características do vocabulário do autor em *Jubiabá*. Conforme definem Fraga e Albuquerque (2009, p. 6):

> "Cultura" é uma palavra com vários significados. Em geral, é usada para definir o conjunto de manifestações artísticas e religiosas de um povo ou um grupo social. Daí ser comum que, ao ouvir falar de cultura afro-brasileira, se pense logo em samba e candomblé. Mas cultura é mais que isso. Ela diz respeito à maneira pela qual compreendemos e agimos na sociedade em que vivemos. É dentro de uma determinada cultura que aprendemos padrões de comportamento, formas de se vestir e de se divertir, hábitos alimentares etc.

Assim sendo, a cultura denominada afro-brasileira surgiu a partir da mestiçagem biológica e cultural entre os africanos, portugueses e indígenas. Entretanto, como sabido, esse processo de formação da nossa sociedade não se deu de forma harmoniosa por conta do histórico de escravidão, que durou mais de três séculos (entre os séculos XVI e meados do século XIX). Nesse período, pessoas de diferentes origens do continente africano foram obrigadas a deixarem suas comunidades e submetidas à condição de escravizadas, incluindo as crianças. Por conta disso, os africanos e seus descendentes não tinham suas práticas e costumes reconhecidos, pois a cultura considerada era apenas a dos europeus.

Concomitante à história da construção da identidade nacional, Jorge Amado, em seus escritos, destacava aspectos da cultura popular baiana, isto é, elementos que caracterizam o povo baiano, seja fisicamente, nos objetos, nos sons ou nos sabores, em que a mistura étnica acrescentou "aos valores europeus 'outra cor' – na pele, nos tecidos, nos artefatos, nas festas –, 'outro ritmo' – na capoeira, no samba, nos afoxés de Carnaval, nos batuques – e 'outra consistência' – na comida e nas relações sociais" (Goldstein, 2009, p. 65).

Na culinária, as mulheres africanas e suas descendentes reinventaram suas receitas a partir de ingredientes encontrados na colônia e vindos de territórios europeus e africanos. De acordo com Fraga e Albuquerque (2009, p. 41), "foram mulheres forras e livres que se ocupavam no pequeno comércio ambulante que levaram para as ruas, o acarajé, o abará, o vatapá, o caruru, o arroz-de-auçá e outras iguarias da culinária afro-brasileira". Chamadas de quituteiras, seus tabuleiros ainda ofertavam mocotós, mingaus, canjicas etc., a culinária brasileira ainda herdou doa africanos o azeite de dendê, a pimenta-malagueta e o quiabo.

A religiosidade representada em *Jubiabá* diz respeito às religiões de matriz africana cultuadas na Bahia. O candomblé, especialmente, significava dança e instrumento de música e no decorrer do tempo passou a designar a cerimônia religiosa. Para Prandi (2009, p. 47), a prática dessa religião começou a se formar por volta do século XIX no Brasil e ficou por muito tempo restrita a Salvador e ao Recôncavo Baiano até os anos de 1960. Segundo Bastide (1961, p. 17), os candomblés pertencem a nações diversas, perpetuando tradições diferentes: "Angola, Congo, Gêge (isto é, Ewe), Nagô (termo com que os franceses designavam todos os negros de fala yoruba, da Costa dos Escravos), Quêto (ou Ketu), Ijêxa (ou Ijesha)". As nações se distinguem pela forma de tocar o tambor, música, nome das divindades etc. No romance, o pai de santo Jubiabá cultuava o candomblé nagô e falava a língua africana.

4 CAMPO LEXICAL DA CULINÁRIA

No campo da culinária, foram selecionadas aquelas lexias mais utilizadas, levando em consideração a relevância desses alimentos para a comunidade. Ainda, no que diz respeito à hierarquia disposta na análise, o destaque recai sobre os alimentos consumidos durante as práticas religiosas de matriz africana, ou seja, consumidos dentro dos espaços sagrados, bem como aqueles vendidos ao redor dos espaços sagrados. Consideraram-se, além disso, os alimentos que fazem parte da dieta alimentar fora dos espaços sagrados, mas que estão incluídos nas tradições da cultura baiana. Ao total, selecionamos 13 lexias, subdivididas nos microcampos dos alimentos salgados, dos alimentos doces e dos alimentos doces ou salgados, dispostos no Quadro 1.

Quadro 1 – Cultura e religiosidade afro-brasileira em *Jubiabá*: campo lexical da culinária

Campo lexical da culinária	
dos alimentos salgados	Xinxim arroz-de-hauçá pipoca acarajé abará sarapatel
dos alimentos doces	mungunzá mingau de puba arroz-doce canjica cocada
dos alimentos doces ou salgados	Cuscuz beiju

Fonte: Silva (2024).

  Os pratos da culinária afro-brasileira registrados na obra são servidos nas celebrações e oferecidos para os membros e orixás nos ritos de matrizes africanas, principalmente os salgados, mas também são consumidos pela população baiana no dia a dia ou em comemorações, bem como vendidos em estabelecimentos comerciais, em barracas de rua, em largos e terreiros. O *xinxim* é o cozido de bode ou de carneiro; o *arroz-de-hauçá* é um arroz empapado, temperado apenas com pimenta e carne seca; a *pipoca* é o grão de milho estourado e uma comida votiva; o *acarajé* e o *abará* são bolinhos feitos de feijão-fradinho, o primeiro é frito no azeite de dendê e servido com vatapá, caruru e camarão, e o segundo é cozido no vapor e temperado com camarão e azeite de dendê; o *sarapatel* é um cozido feito com sangue e miúdos de porco ou de carneiro.

O *mungunzá* e o *mingau de puba* são uma espécie de papas feitas de milho branco com leite de coco ou de vaca e açúcar e massa de mandioca fermentada com leite de coco ou de vaca e açúcar, respectivamente; o *arroz-doce* é preparado com arroz branco, leite, açúcar, cravo e canela a gosto; a *canjica* é um mingau de milho verde ralado, cozido com leite e açúcar; a *cocada* é feita com coco ralado e açúcar. Já o *cuscuz* é feito com massa de milho ou de tapioca cozido no vapor, com açúcar e leite ou acompanhado de carne, manteiga e ovos fritos; e o beiju é preparado com tapioca granulada em forma de panqueca ou crepe na frigideira e recheado com queijo, chocolate e outros alimentos doces ou salgados.

A seguir, apresentamos os microcampos dos alimentos salgados, dos alimentos doces e dos alimentos doces ou salgados registrados na obra *Jubiabá*, organizadas obedecendo à hierarquização do significado e da culinária afro-brasileira. Informa-se primeiro a categoria gramatical, o conceito e por último a abonação entre aspas e em itálico com a lexia em negrito.

4.1 DOS ALIMENTOS SALGADOS

XINXIM — (s. m.) Guisado de carne de bode e de carneiro com camarão seco, azeite de dendê, amendoim e castanha. *"[...] O homem branco comera muito **xinxim** de bode e lambera os beiços com o arroz-de-hauçá."* (Amado, 2000 [1935], p. 94).

ARROZ-DE-HAUÇÁ — (s. m.) Prato da culinária baiana em referência aos hauçás, mulçumanos procedentes da Nigéria e escravizados no Brasil. É um arroz em papa, sem sal e bastante apimentado, com carne-seca em pedacinhos quase torrados. *"Na sala tinham oferecido pipocas à assistência e lá dentro foi servido xinxim de bode e de carneiro com **arroz-de-hauçá**"* (Amado, 2000 [1935], p. 94).

PIPOCA[26] — (s. f.) Grão de milho estourado com o calor, vendida em largos, terreiros e em dia de circo; comida votiva, oferecida em dias

---

[26] No contexto das religiões de matriz africana, a pipoca é salgada, e por isso foi incluída no subcampo dos alimentos salgados.

de rito nas religiões de matriz africana. *"Na sala tinham oferecido **pipocas** à assistência e lá dentro foi servido xinxim de bode e de carneiro com arroz-de-hauçá"* (Amado, 2000 [1935], p. 94).

ACARAJÉ — (s. m.) Bolinho da culinária afro-baiana, feito de massa de feijão-fradinho, frito em azeite de dendê, e que serve com molho de pimenta, vatapá, caruru, salada de tomate e camarão seco. *"Da casa do pai-de-santo Jubiabá vinham sons de atabaque, agogô, chocalho, cabaça, sons misteriosos da macumba que se perdiam no pisca-pisca das estrelas, na noite silenciosa da cidade. Na porta, negras vendiam **acarajé** e abará"* (Amado, 2000 [1935], p. 89).

ABARÁ — (s. m.) Pequeno bolo de feijão fradinho, condimentado com camarão e azeite de dendê, cozido em banho-maria, envolvido em folhas de bananeira. *"Na força dos seus dezoito anos fortes e malandros criara um grande prestígio entre as cabrochas da cidade, empregadas, lavadeiras, negrinhas que vendia acarajé e **abará**"* (Amado, 2000 [1935], p. 85).

SARAPATEL — (s. m.) Guisado condimentado e preparado com sangue e miúdos de porco ou de carneiro. *"Uns vêm para comprar mantimentos para a semana, outros vêm pelo prazer do passeio, para comer **sarapatel**, para tocar violão, para arranjar mulher"* (Amado, 2000 [1935], p. 173).

4.2 DOS ALIMENTOS DOCES

MUNGUNZÁ — (s. m.) Mingau doce feito com milho branco cozido no leite de coco ou no leite de vaca. *"Ajudava a velha Luísa a fazer o **munguzá** e o mingau de puba que ela vendia à noite no terreiro. Levava o ralo, trazia os apetrechos, só não sabia ralar coco"* (Amado, 2000 [1935], p. 11).

MINGAU DE PUBA — (s. m.) Mingau feito com massa de mandioca fermentada, dissolvida no leite de vaca e no leite de coco com açúcar, coco ralado e canela. *"Antônio Balduíno vem sozinho pela rua. Tomou um copo de **mingau de puba** no terreiro. Junto da negra, homens conversavam sobre a greve"* (Amado, 2000 [1935], p. 201).

ARROZ-DOCE — (s. m.) Arroz cozido com leite, açúcar e condimentado com cravo e canela. *"Com a tabuleta de Lanterna dos Afogados, voltou também a mulata escura que fora amante do marinheiro e que continuou a fazer **arroz-doce** para os fregueses [...]"* (Amado, 2000 [1935], p. 58).

CANJICA — (s. f.) Mingau de milho verde ralado cozido no leite ou leite de coco e açúcar, polvilhada com canela. *"No carnaval era bom. Mas no*

*São João ele preferia ir para a festa que João Francisco dava na sua casa, no Rio Vermelho, com uma fogueira enorme na Porta, um mundo de balões, foguetes, muita **canjica** e licor de Jenipapo [...]"* (Amado, 2000 [1935], p. 182).

COCADA — (s. f.) Doce de coco ralado com calda de açúcar, cortado em forma de quadrados, losangos ou círculos. *"Cheio de bandeiras, com dois anúncios na porta. De noite a música tocará ali e negras venderão **cocada**"* (Amado, 2000 [1935], p. 152).

4.3 DOS ALIMENTOS SALGADOS OU DOCES

CUSCUZ — (s. m.) Massa preparada de farinha de milho ou tapioca cozida no vapor. Pode ser doce, com açúcar e leite de coco ou salgada, com manteiga, carne seca e outros ingredientes. *"África onde eu vi a luz / eu me alembro de ti / vivia solto, caçando / comendo fruta e **cuscuz**"* (Amado, 2000 [1935], p. 180).

BEIJU — (s. m.) Tipo de panqueca ou crepe seco, feito com tapioca granulada (fécula retirada da mandioca) espalhada em uma chapa ou frigideira quente. Pode ter recheio doce ou salgado, como coco, queijo, goiabada, chocolate e frutas. *"Rápido como começou, o barulho acaba. Os homens voltam às suas barracas, os seus montes de frutas e **beijus**"* (Amado, 2000 [1935], p. 167).

5 CAMPO LEXICAL DAS ENTIDADES

O campo lexical das entidades refere-se à crença e à religiosidade sincretizada na Bahia, isto é, a junção entre a religião oficial da colônia e do Império com as tradições religiosas africanas remanescentes, fundamentais para a agregação da população negra vindos do continente africano ou nascidos no país. A religiosidade e suas tradições foram originárias da região do centro-ocidental da África, território dos povos bantos, marcando a nossa cultura religiosa antes de 1850. As lexias desse campo foram organizadas a partir do nível de hierarquia disposta no *corpus*, conforme o seu valor semântico e cultural na mitologia iorubana e sua transposição para as entidades religiosas de origem católica. Ao total foram levantadas 13 lexias organizadas nos microcampos dos orixás e dos santos, dispostos no Quadro 2.

Quadro 2 – Cultura e religiosidade afro-brasileira em *Jubiabá*: campo lexical das entidades

Campo lexical das entidades	
Dos orixás	Oxalá
	Oxodiã
	Oxolufã
	Exu
	Xangô
	Iansã
	Oxossi
	Omolu
Dos santos	Senhor do Bonfim
	São Jorge
	Santa Bárbara
	São Jerônimo
	São Roque

Fonte: Silva (2024)

Oxalá é o maior dos orixás e o mais venerado segundo a mitologia dos orixás. No sincretismo religioso da Bahia, é sincretizado com Senhor do Bonfim, sendo a figura de Jesus Cristo no catolicismo. *Oxodiã* e *Oxolufã* são as formas jovem (guerreira) e anciã (sabedoria) de Oxalá, respectivamente. Exu é conhecido como o guardião e do equilíbrio do positivo e do negativo, do bem e do mal. *Xangô* é a entidade que representa a justiça e é o terceiro soberano da nação iorubá, sincretizado com *São Jerônimo*, pelo santo representar a imagem de um leão, símbolo da realeza na cultura iorubá. *Iansã* representa os raios, os trovões e as tempestades, foi sincretizada com *Santa Bárbara* pela mesma associação com os elementos da natureza, por punir seu pai com um raio após sacrificá-la devido à sua fé. *Oxóssi* é o orixá da caça e foi sincretizado com *São Jorge* por ele ser um santo guerreiro. O primeiro matou um pássaro maléfico e o segundo, um dragão. Por último, temos o sincretismo entre *Omolu* e *São Roque*, já que as duas entidades são conhecidas pelo poder da cura contra doenças contagiosas, como peste e varíola.

A seguir, apresentamos os microcampos dos orixás e dos santos registradas na obra *Jubiabá*, organizadas obedecendo à hierarquização dos significados e da religiosidade afro-brasileira, a começar pela classe gramatical, definição, abonação em itálico e entre aspas, bem como a lexia destacada em negrito, como visto anteriormente.

5.1 DOS ORIXÁS

OXALÁ — (s. m.) Orixá da criação e da procriação; pai de todos os orixás, também conhecido como Obatalá. É considerado o maior dos orixás, o mais venerável e o mais venerado. Na Bahia, sincretizado com Senhor do Bonfim. *"Pergunte ao Gordo, se quiser... Mas é inútil mentir a pai Jubiabá. Ele sabe tudo, que ele é pai-de-santo e tem força junto a **Oxalá**"* (Amado, 2000 [1935], p. 173).

OXODIÃ — (s. m.) A forma jovem e guerreira do velho Oxalá; tem a espada como símbolo. Sincretizado com o Menino Jesus. *"Foi quando, de súbito, Oxalá, que é o maior de todos os orixás, e que se divide em dois – **Oxodiã**, que é o moço, Oxolufã, que é o velho, apareceu derrubando Maria dos Reis [...]"* (Amado, 2000 [1935], p. 93).

OXOLUFÃ — (s. m.) Forma anciã de Oxalá, o orixá da criação, pai de todos os orixás. *"[...] E Jubiabá, o feiticeiro, se inclina diante dele como se ele fosse **Oxolufã**, Oxalá velho, o maior dos santos"* (Amado, 2000 [1935], p. 316).

EXU — (s. m.) Orixá da tradição iorubana que representa a síntese de todas as forças que regem o universo e possibilitam a existência. Essas forças equilibram o positivo e o negativo, o bem e o mal, influenciando a concretização do seu destino. É o guardião dos templos, das casas, das cidades e das pessoas. Por ser brincalhão e ter o espírito livre, foi associado ao mal e ao diabo cristão. *"**Exu** está teimando em vir à festa. Exu quer que cantem e dancem em sua homenagem. Exu quer saudação, quer que Jubiabá se incline para ele e diga: – Ôkê! Ôkê!"* (Amado, 2000 [1935], p. 286).

XANGÔ — (s. m.) Orixá dos raios e trovões; divindade que representa a justiça. *"O santo era **Xangô**, o deus do raio e do trovão, e trazia contas brancas pintalgadas de vermelho sobre o vestido branco"* (Amado, 2000 [1935], p. 91).

IANSÃ — (s. f.) Orixá feminino da tradição iorubana, representa os ventos, raios, trovões e tempestades. *"[...] E era **Iansã**, deusa das águas, que os brancos chamam Santa Bárbara"* (Amado, 2000 [1935], p. 101 e 102).[27]

---

[27] Jorge Amado chama Iansã de deusa das águas em Jubiabá. Na África, chamada de "Oya (Oiá) é a divindade dos ventos, das tempestades e do rio Níger que, em iorubá, chama-se Odò Oya" (Verger, 1981, p. 64). Quando chegou ao Brasil, as águas dividiram-se entre Iemanjá, orixá das águas salgadas, e Oxum, orixá das

OXÓSSI — (s. m.) Orixá da cultura iorubá que representa a caça e o caçador. É identificado pelo arco e flecha (Ofá) e, na Umbanda, como chefe dos Caboclos. *"Também **Oxóssi**, o deus da caça, veio para a festa da macumba do pai Jubiabá"* (Amado, 2000 [1935], p. 92).

OMOLU — (s. m.) Orixá da varíola e das doenças contagiosas, mas também da cura. *"Quem estava ali, de busto despido, era **Omolu**, a deusa terrível da bexiga"*[28] (Amado, 2000 [1935], p. 92).

5.2 DOS SANTOS

SENHOR DO BONFIM — (s. m.) Na devoção católica é a figura de Jesus Cristo na visão da sua morte. Sincretizado como Oxalá, o maior dos orixás, "o criador do homem e filho mais velho de Olorum, o Deus Supremo; Jesus é o filho de Deus pai, o Criador" (Prandi, 2009, p. 59). *"[...] No nicho um orixálá negro confraternizava com um quadro do **Senhor do Bonfim**"* (Amado, 2000 [1935], p. 71).

SÃO JORGE — (s. m.) Valente guerreiro, vestido de armadura e montado em um cavalo. Armado com uma lança, matou um dragão. Na Bahia é sincretizado com Oxóssi, que matou um pássaro maléfico. *"No altar católico, que estava num canto da sala, Oxóssi era **São Jorge**; Xangô, São Jerônimo; Omolu, São Roque e Oxalá, o Senhor do Bonfim [...]"* (Amado, 2000 [1935], p. 65 e 66).

SANTA BÁRBARA — (s. f.) Santa católica associada aos raios e as tempestades. Essa ligação decorreu em função de seu pai ser atingido por um raio, como punição por sacrificá-la em detrimento de sua fé em Cristo. Nas religiões de matriz africana é sincretizada com Iansã. *"[...] E era Iansã, deusa das águas, que os brancos chamam **Santa Bárbara**"* (Amado, 2000 [1935], p. 101 e 102).

SÃO JERÔNIMO — (s. m.) Sacerdote cristão que teve destaque como teólogo e historiador. Considerado santo e doutor da Igreja por ser

---

águas doces. Ainda consoante Verger (1981, p. 16) "Iansã, primeira mulher de Xangô, ligada às tempestades e aos relâmpagos, foi identificada com Santa Bárbara. Segundo a lenda, o pai dessa santa sacrificou-a devido à sua conversão ao cristianismo, sendo ele próprio, logo em seguida, atingido por um raio e reduzir a cinzas".

[28] O escritor baiano em Jubiabá deixa a entender que Omolu é um orixá feminino. Entretanto, o orixá também conhecido como Obaluaê é identificado como masculino. Na África, o orixá pode ser confundido com Nanã Bukuru, orixá da sabedoria e dos pântanos. É também considerada a mãe de Omolu/Obaluaê com Oxalá. Para Verger (1981, p. 83), no Novo Mundo, é sincretizado com São Roque. Caracterizado como "deus da varíola e das doenças contagiosas, cujo nome é perigoso ser pronunciado. Melhor definindo, ele é aquele que pune os malfeitores e insolentes enviando-lhes a varíola".

conhecido por sua tradução da bíblia para o latim. É representado como um ancião inclinado sobre livros, e frequentemente acompanhado nas imagens por um leão deitado a seus pés. "O leão é um dos símbolos de realeza entre os iorubás, são Jerônimo foi comparado a Xangô, o terceiro soberano dessa nação" (Verger, 1981, p. 16).

*"No altar católico, que estava num canto da sala, Oxóssi era São Jorge; Xangô, **São Jerônimo**; Omolu, São Roque e Oxalá, o Senhor do Bonfim [...]"* (Amado, 2000 [1935], p. 65 e 66).

SÃO ROQUE — (s. m) Conhecido por ser protetor contra a peste através do dom da cura. É padroeiro dos inválidos, cirurgiões e dos cães. Sincretizado com Omolu, orixá da varíola e das doenças contagiosas, podendo também curá-las. *"No altar católico, que estava num canto da sala, Oxossi era São Jorge; Xangô, São Jerônimo; Omolu, **São Roque** e Oxalá, o Senhor do Bonfim [...]"* (Amado, 2000 [1935], p. 65 e 66).

6 CONSIDERAÇÕES FINAIS

A literatura de Jorge Amado, em particular a obra *Jubiabá*, corpus-base do presente texto, propiciou o início do debate sobre o protagonismo negro no Brasil na literatura ao destacar um dos primeiros personagens afro-brasileiros considerado um herói e não um antagonista ou um personagem secundário em posição de subalternidade. Nesse sentido, Antônio Balduíno é um representante da cultura afro-brasileira, construída depois de uma longa história de lutas e provações. E, apesar disso, rica em suas identidades culturais provenientes da influência de tradições.

A partir da análise da cultura e da religiosidade afro-brasileira, evidenciaram-se a relação das lexias selecionadas, os aspectos da cultura remanescentes da população e africana e dos seus descendentes ao miscigenar com a dos indígenas e portugueses. O campo lexical da culinária apresenta particularidades referentes ao universo religioso das religiões de matriz africana, propiciando a relação direta entre o contexto cultural da cidade de Salvador e a narrativa ficcional desenvolvida pelo autor da obra. O campo lexical das entidades também deixou clara essa junção cultural, especialmente no que diz respeito ao sincretismo religioso, em que os santos católicos "ajudaram os escravos a lograr e a despistar os seus senhores sobre a natureza das danças que estavam autorizados a realizar, aos domingos, quando se reagrupavam em batuques por nações de origem" (Verger, 1981, p. 16), e começava a iniciar os moldes do sincretismo, como é conhecido atualmente, ainda no século XVIII. Acarretando uma troca de posição, eles passaram a proteger os escravizados a mistificar os seus senhores que achavam que era um divertimento e não uma tradição.

Desse modo, a construção da identidade se dá por meio da linguagem (Rajagopalan, 2004), por ser uma ferramenta multifacetada, permeando as manifestações do homem, seus costumes, suas crenças e seus modos de viver, visto que, ao construir sua identidade, o indivíduo utiliza da sua capacidade de comunicação por meio das palavras e, por meio delas, produz suas convicções, defende as suas crenças e tem a possibilidade de construir a sua história. A concepção da identidade só é possível por intermédio da linguagem. Por último, em concordância com as afirmações, o estudo do vocabulário de Jorge Amado pelas lentes da Lexicologia permitiu a representação dos hábitos alimentares e das crenças religiosas da sociedade descrita pelo autor, além de caracterizar a população baiana em 1935 por meio do léxico da língua portuguesa.

REFERÊNCIAS

ABBADE, C. M. S. A teoria dos campos lexicais. *In*: ALMEIDA, A. A. D.; SANTOS, E. S.; SOLEDADE, J. (org.). Saberes lexicais: mundos, mentes e usos. Salvador: EDUFBA, 2015. p. 73-91.

AMADO, J. *Jubiabá*. Ilustrações de Carybé. 58. ed. Rio de Janeiro: Record, 2000.

ANTHONY, L. *AntConc* (Versão 4.2.0) [Software de Computador]. Tóquio, Japão: Universidade de Waseda. 2014. Disponível em: https://www.laurenceanthony.net/software. Acesso em: 28 jul. 2022.

BASTIDE, R. *O Candomblé da Bahia*: rito nagô. São Paulo: Companhia Editora Nacional, 1961.

COSERIU, E. *Principios de semantica estructural*. Versión española de Marcos Martínez Hernández. 2. ed. Madrid: Editorial Gredos, 1981.

FRAGA, W.; ALBUQUERQUE, W. R. *Uma história da cultura afro-brasileira*. São Paulo: Moderna, 2009.

GOLDSTEIN, I. S. A construção da identidade nacional nos romances de Jorge Amado. *In*: GOLDSTEIN, I. S. *Sala do Professor*: Caderno de Leituras: O universo de Jorge Amado. São Paulo: Companhia das Letras, 2009.

HALL, S. *Cultura e representação*. Tradução de Daniel Miranda e William Oliveira. Rio de Janeiro: Ed. PUC-Rio: Apicuri, 2016.

LARAIA, R. B. *Cultura*: um conceito antropológico. 14. ed. Rio de Janeiro: Jorge Zahar Ed., 2001.

PRANDI, R. *Religião e sincretismo em Jorge Amado*. In: PRANDI, R. Sala do Professor: Caderno de Leituras: O universo de Jorge Amado. São Paulo: Companhia das Letras, 2009.

RAJAGOPALAN, K. *O conceito de identidade em Linguística*: é chegada a hora de uma reconsideração radical. *In*: BRITO, R. H. P.; MARTINS, M. L. *Considerações em torno da relação entre língua e pertença identitária no contexto lusófono*. Anuário Internacional de Comunicação Lusófona. São Paulo/Lisboa: Lusucom, 2004.

SILVA, L. C. *O vocabulário de Jorge Amado em Jubiabá*: um estudo lexemático. Orientadora: Maria da Conceição Reis Teixeira. 2024. 109 f. Dissertação (Mestrado Acadêmico) – Departamento de Ciências Humanas. Programa de Pós-Graduação em Estudo de Linguagens (PPGEL), Universidade do Estado da Bahia. Salvador, 2024.

VERGER, P. F. *Orixás*: deuses iorubás na África e no Novo Mundo. Salvador: Editora Corrupio. 1981.

TOPONÍMIA DA PERIFERIA DE SALVADOR: UM ESTUDO DAS NOMEAÇÕES DOS BAIRROS BEIRU/TANCREDO NEVES E PERIPERI

Celina Márcia de Souza Abbade
Marcos André Queiroz de Lima
Noádya Cristina Oliveira da Cruz

1 CONSIDERAÇÕES INICIAIS

De acordo com Abbade (2011, p. 1332), "A Lexicologia enquanto ciência estuda as suas diversas relações com os outros sistemas da língua, e, sobretudo as relações internas do próprio léxico". Dessa forma, ela dialoga diretamente com a linguagem que se utiliza das palavras para, entre outras funções, nomear e ser nomeada. Nesse contexto, compreende-se que, por meio dos nomes, ocorre o processo de identificação do lugar para, assim, efetivá-lo com uma demarcação territorial que lhe abarca características singulares.

A Onomástica, ciência que estuda os nomes próprios em geral, se preocupa com o processo investigativo das nomeações e se subdivide, entre outras áreas, em Antroponímia, estudo dos nomes próprios de pessoas, e Toponímia, estudo dos nomes próprios dos lugares. Essas disciplinas analisam as denominações a partir das motivações dos seus denominadores.

Para se compreender a toponímia, base desse estudo, é necessário estabelecer uma análise da língua, da cultura e da história da sociedade em que o objeto de estudo está inserido, observando as questões que envolvem o tempo e o espaço em que foi produzido. De acordo com Abbade (2011, p. 1.332) "[...] estudar o léxico de uma língua é abrir possibilidades de conhecer a história social do povo que a utiliza."

Ocorre que, para se estudar o topônimo, diversos aspectos são levados em consideração como a etimologia; as motivações linguísticas, históricas e sociais, as questões geográficas, observando a intenção do denominador junto ao nomeado. Dessa maneira, os nomes são investigados para oportunizar um conhecimento maior acerca de uma determinada comunidade, oportunizando a demonstração da sua identidade social.

Nessa perspectiva, o estudo lexical se define aqui a partir da toponímia, remontando às experiências culturais e sociais que abarcam o ato de nomear e ressignificar as regiões territoriais enfocadas. Para tal estudo, é relevante entender que a língua apresenta a sua essência no ato de nomear, identificando e especificando um topo (lugar). Assim, infere-se que o ser humano nomeia um lugar a fim de particularizar o mesmo e inseri-lo em uma realidade, documentando e legitimando esse lugar em um espaço geográfico.

O referencial teórico-metodológico proposto neste estudo se fundamenta, *a priori*, em Dick (1990) para os estudos onomásticos, em particular a toponímia, e Abbade (2016), nas pesquisas do Projeto Atlas Toponímico da Bahia (ATOBAH).

Para esse trabalho, destaca-se a toponímia urbana de dois bairros periféricos da cidade de Salvador: Beiru/Tancredo Neves e Peripiri, que fundamentam essa pesquisa.

O propósito deste trabalho é partir da demonstração da relação existente entre a história, a cultura e as motivações toponímicas das áreas geográficas selecionadas, situadas na periferia de Salvador, Bahia, ressaltando suas marcas e suas características regionais para a construção do processo identitário junto a cada comunidade.

2 TOPONÍMIA: UM ESTUDO ONOMÁSTICO

A Onomástica é a parte das Ciências do Léxico que estuda os nomes próprios e suas representações na comunidade. Nessa perspectiva, percebe-se que a Onomástica, ao preocupar-se com o processo de nomeação, permeia todo ato denominativo dos nomes próprios, visando identificar e personalizar um ser, um lugar, uma instituição, designando e caracterizando-o.

Sobre o estudo onomástico, Seabra e Isquerdo (2018, p. 994) assinalam que:

> Como a Onomástica nos traz valiosas informações que podem ser utilizadas em diversas áreas do conhecimento humano, sublinhamos o fato de que essa disciplina linguística tem um caráter interdisciplinar, interessando não só à ciência linguística, como, também, a outras ciências, cabendo destacar a História, a Geografia, a Arqueologia, a Genealogia, a História Social e a Cartografia que se utilizam

de informações proporcionadas pelas pesquisas antroponímicas e toponímicas, o que é uma mostra suficiente da riqueza e importância da área.

Diante desse caráter interdisciplinar, a Onomástica dialoga com várias áreas permitindo um estudo mais abrangente em torno dos nomes próprios, contribuindo histórico-geográfico e socioculturalmente para denotar a relevância dos dados coletados. Essas fontes de informações ajudam a formar a conscientização do processo identitário da comunidade, permeando seus hábitos e costumes.

Segundo Dick (1998), no sistema onomástico, existe uma cadeia gerativa que lhe confere elementos/características básicas junto ao ato denominativo, ao afirmar:

> [...] o nomeador (sujeito, emissor ou enunciador), o objeto nomeado (o espaço e suas subdivisões conceptuais, que incorpora a função referencial, sobre o que recairá a ação de nomear), o receptor (ou o enunciatário, que recebe os efeitos da nomeação, na qualidade de sujeito passivo) (Dick, 1998, p. 103).

Nessa transformação da palavra, o nome se revela evidenciando os aspectos onomásticos que operam no processo denominativo e insere as marcas identitárias de um ser ou lugar.

Seabra (2006, p. 1.953) diz que a Toponímia:

> [...] se integra à Onomástica como disciplina que investiga o léxico toponímico, através do estudo da motivação dos nomes próprios de lugares. Constitui-se de enunciados linguísticos, formados por um universo transparente significante que reflete aspectos culturais de um núcleo humano existente ou preexistente.

Dick (2000, p. 249) considera que "[...] os traços mais marcantes do conteúdo do nome próprio: ser denotativo e referencial, contextualizado nas situações-objeto, exerce a função de identificação". Assim, percebe-se que o ato de nomear particulariza algo ou alguém a partir de um contexto, elucidando suas especificidades nos momentos dos batismos e "rebatismos".

Pensando o léxico toponímico como o conjunto de unidades lexicais acometidas da função de nome próprio de lugar, criados a partir de elementos diversos que envolvem a história, a cultura e a geografia de uma região, torna-se evidente que os elementos linguísticos e a interdisciplinaridade presentes nos estudos lexicológicos possibilitam conhecimentos díspares sobre as motivações e as questões linguísticas e culturais que estão envolvidas nesse processo de criação e batismo de nomes de lugares.

Os elementos linguísticos usados pelos denominadores que permitem a criação de topônimos, por vezes, são formados por meio de palavras constituídas por uma unidade, elemento específico simples, ou mais de uma unidade lexical, elemento específico composto, sejam substantivos ou adjetivos, capazes de, sozinhos ou não, nomearem lugares de maneiras diferentes e cristalizarem-se perante uma comunidade.

A questão da interdisciplinaridade toponímica perpassa por estudos que envolvem várias disciplinas como geografia, história, sociologia, linguística, antropologia, entre outras. De acordo com essas diferentes perspectivas interdisciplinares, muitos espaços físicos são nomeados conforme as intenções/motivações dos denominadores que, ao ressaltar suas características específicas, envolvem a representação, a geografia e a história do lugar, além de outros fatores peculiares como as homenagens às figuras históricas/públicas, datas comemorativas, santos e/ou mitologia, animais, vegetais, astros, entre outras nomeações apontadas por Dick (1990) em sua classificação taxonômica de natureza física ou antropocultural.

Observa-se, dessa maneira, a formação dos topônimos a partir do elemento genérico, primeiro elemento, que informa a área geográfica e específica, e do segundo elemento, que particulariza o local, constituindo suas marcas identitárias. Doravante, entende-se que a investigação sobre o batismo de um lugar reflete os aspectos religiosos, culturais, históricos e sociais de uma comunidade.

Os signos toponímicos representam os espaços geográficos e determinam as várias possibilidades de interpretação das realidades apresentadas em um território, demonstrando, muitas vezes, a real intenção do nomeador ou as especificidades próprias do território. Desse modo, o estudo toponímico proporciona um (re)conhecimento no processo identitário, permitindo à comunidade uma valorização e compreensão de a sua diversidade.

Assim, a toponímia, inserida no mundo onomástico, designa o espaço geográfico e humano de uma sociedade, identificando e resgatando a história e a memória de um determinado povo, além de representar aspectos dialetais do local onde o grupo social está inserido, tornando-se uma rica fonte de informação não só para a linguística, mas também para outras ciências.

Enfim, o estudo dos topônimos dos bairros Beiru/Tancredo Neves e Periperi, em Salvador, Bahia, se faz relevante no processo identitário da comunidade ao caracterizar cada território nomeado por meio de uma alcunha que espelha suas marcas, valores, costumes, história e geografia, particularizando o habitat.

A seguir, apresentamos o contexto histórico dos bairros estudados.

3 CONTEXTO HISTÓRICO DOS BAIRROS BEIRU/TANCREDO NEVES E PERIPERI

3.1 BEIRU/TANCREDO NEVES

A história do bairro do Beiru/Tancredo Neves converge com o surgimento da Fazenda Campo Seco, território que pertenceu ao Quilombo do Cabula no período da escravatura por fazer parte do miolo central da cidade de Salvador, Bahia. A referida fazenda pertenceu inicialmente à Marquesa de Niza, como se retrata no livro *Beiru* (Mundo Novo, 2007, p. 14), no qual se descreve que "[...] a Marquesa de Nisa, como consta nas escrituras, era dona dessas terras, ponto que necessita de mais pesquisas, fala a professora Norma Ribeiro".

A obra informativa intitulada *Beiru* (Mundo Negro, 2007) enfoca a origem e um pouco da história sobre a documentação do provável batismo inicial do território geográfico beiruense, área considerada como símbolo de resistência negra, trazendo à tona o topônimo primário que legitima seu nascimento, Fazenda Campo Seco.

A referida fazenda fazia parte do território cabulense e possuía uma extensa mata com muitas árvores frutíferas. Ao longo da história, foi adquirida pela família Silva Garcia, que, para manter a agricultura praticada em suas terras, dispunha de escravos para trabalharem na propriedade. Dessa forma, chegou às suas terras um homem escravizado chamado Gbeiru.

Gbeiru foi um negro africano de origem iorubá, nascido na cidade de Oió, na Nigéria. Esse indivíduo teria chegado ao território brasileiro no século XIX como uma "mercadoria de compra e venda". Como escravo, serviu aos proprietários do local durante um longo período, de forma que acabou ganhando sua confiança. O livro supracitado destaca que:

> O nome Beiru carrega uma história importante para o bairro. Beiru foi um escravo da fazenda Campo Seco, conhecido por Preto Beiru, cujo nome em ioruba, sua língua nativa, se escreve GBEIRU.
>
> Em 1845, ele ganhou parte desta fazenda que pertencia à família Silva Garcia. Ele pôde, então, formar um quilombo. [...]
>
> Preto Beiru nasceu em Oió, uma cidade da Nigéria, país africano, segundo está registrado na escritura das terras que recebeu da família Silva Garcia (Mundo Negro, 2007, p. 14).

A história do bairro esbarra no processo de escravatura, que impunha, na época, a total servidão daqueles que eram traficados pelos mares para serem vendidos em um comércio, no qual havia a sujeição e a violência psicológica e física dos negros oriundos da África. Essa marca territorial trazia consigo a busca pela liberdade e pela luta dos direitos do escravizado. Assim, diante de tantos fatores causadores de sofrimento no processo de escravização, Gbeiru inicia seu processo de conquista dentro da fazenda, exercendo suas funções de forma ordeira para ganhar credibilidade e confiança junto aos donos daquela terra.

Ao perceber a disponibilidade daquele homem no exercício de suas funções, a família Silva Garcia doou uma parte daquele território para o então escravo Gbeiru, no ano de 1845, de acordo com Santos (2013). Esse homem teria ancorado ali para ajudar muitos dos seus irmãos africanos, constituindo no local um pequeno quilombo. Segundo Cruz (2024, p. 40):

> [...] existe a possibilidade de Beiru ter vivido nessa região numa época em que a escravidão era legalizada. Contudo, a resistência negra sobrevivia mesmo diante de fatos como a destruição de vários quilombos, como o do Cabula, que se tornaram lugares de esconderijo, para que muitos escravos tivessem um lugar de apoio para continuarem suas lutas e conquistas futuras.

Nas terras do Preto Beiru, como lhe chamavam, havia o acolhimento e o trabalho para aqueles que precisavam do apoio e da moradia para se começar uma vida nova. Dentre algumas conquistas, foram surgindo os terreiros de candomblé, alimentando um pouco da cultura e da religiosidade africana na região.

Com o passar do tempo, Beiru morre e, como não possuía descendente livre, a parte da fazenda doada volta para as mãos dos antigos proprietários. Dessa forma, reconhecendo o valor do homem que partiu, deixando órfãos os seus irmãos africanos, a família Hélio Silva Garcia faz uma homenagem a Beiru, oficializando o topônimo da fazenda com o seu nome.

Em 1910, Miguel Arcanjo de Souza, compra essas terras e inaugura no lugar da Casa Grande o terreiro Amburaxó, nomeado Isumbo Meian, que significa "encontro das águas doces", também conhecido como Terreiro de São Roque. Ao morrer em 1941, os herdeiros de Miguel Arcanjo tomam posse das terras, porém quem fica regendo o terreiro é o seu filho de santo, Manuel Jacinto. O terreiro está situado na Rua Direta do Beiru, como se destaca na Figura 1.

Figura 1 – Terreiro Isumbo Meian/Terreiro de São Roque

Fonte: Mapeamento dos Terreiros de Candomblé de Salvador (2008)

Diante do aumento das periferias em Salvador, nas décadas de 1970 e 1980, a área inicia o processo de urbanização com a venda de lotes e a frequente ocorrência das invasões territoriais por pessoas com baixo poder aquisitivo, contribuindo para o alargamento da área geográfica. Dessa maneira, a população aumenta vertiginosamente ocorrendo, consequentemente, o crescimento demográfico.

De acordo com Correia (2010, p. 12) "Segundo o Escritório de Campo da SUDESB/SETRABES- Superintendência dos Desportos do Estado da

Bahia/ Secretaria do Trabalho e Bem-Estar Social, o bairro Beiru surge na segunda metade do século XIX, quando ali existia um terreiro de candomblé". À vista dessa informação, sabe-se que o bairro começou a se formar de maneira espontânea com a presença maciça de uma comunidade essencialmente negra e parda.

Em 1985, o então vereador e presidente da Associação Comunitária Dionísio Juvenal contesta o nome Beiru e solicita mudança no topônimo do bairro para Tancredo Neves, que de imediato é aceito pelos vereadores. A justificativa para tal desmando seria porque o nome causava constrangimento à população, devido à produção de rimas indecentes e ofensivas. Mundo Negro (2007, p. 11) questiona:

> Agora, vejam só, andam dizendo que eu fui um capataz, que eu açoitava meus próprios irmãos. Dizem até que meu nome é feio. Vê se pode uma coisa desta? Agora, que eu não posso mais me defender, falam isso de mim. Tiraram meu nome do bairro, dizendo que causa rima. Agora pergunto: Peru, nome de um país, e nomes como Curuzu, Alto do Peru, Aracaju e Catu não causam rimas? Que estupidez fizeram com a história.

Diante da contestação da maioria dos moradores e da Associação Cultural Comunitária Carnavalesca Mundo Negro (sediada no bairro), junto aos órgãos competentes e de instituições, começou um movimento contrário que reivindicava o retorno do nome Beiru. Assim, desde 2005, aprovaram-se a instituição e o uso dos dois topônimos: Beiru/Tancredo Neves, que se mantêm até os dias atuais.

O bairro conta com uma Unidade de Pronto Atendimento (UPA) para consultas, exames e emergências médicas; escolas municipais e estaduais para toda a comunidade e adjacências; Turismo de Base Comunitária (TBC), que fortalece e divulga a cultura da comunidade; a Associação Beneficente Cultural e Religiosa Cajado de Prata e o Centro de Educação Familiar (Ceifar), promovem atividades socioculturais para famílias de vulnerabilidade social; igrejas católicas e evangélicas; terreiros de candomblé e umbanda; mercados; farmácias; lojas em geral para atender a comunidade beiruense.

De acordo com a Secretaria Municipal de Desenvolvimento e Urbanismo (SEDUR), essa área geográfica abrange uma extensão territorial de 1.602.063.11m², Em 2010, sua população foi estimada em 50.416 habitantes pelo Instituto Brasileiro de Geografia e Estatística (IBGE), entre os quais 43.523 se declararam negros. Podemos inferir, a partir desses dados, que o bairro pode ser caracterizado fundamentalmente como negro.

Situado no miolo central de Salvador, Beiru/Tancredo Neves se limita a nove bairros circundantes: Narandiba, Cabula VI, Engomadeira, Cabula, Sussuarana, Novo Horizonte, Mata Escura, Arenoso, Barreiras como se demonstra na figura 2.

Figura 2 – Mapa do polígono Beiru/Tancredo Neves

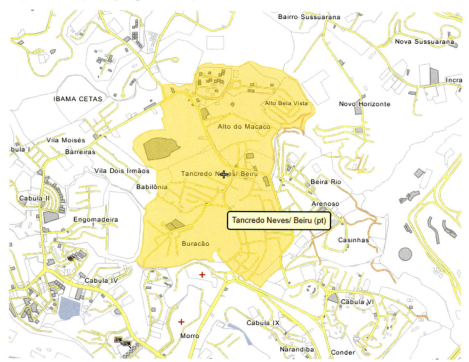

Fonte: Disponível em: https://wikimapia.org/#lang=en&lat=-12.945969&lon=-38.448157&z=15&m=w&search=tancredo%20neves%20beiru

Quanto às nomeações do bairro, percebeu-se um histórico relevante com o seguinte quadro: Fazenda Campo Seco > Fazenda Gbeiru > Bairro Beiru > Bairro Tancredo Neves > Bairro Beiru/Tancredo Neves. A etimologia dessas nomeações toponímicas é de origem portuguesa, para os topônimos compostos, e africana para Beiru.

Dessa forma, vê-se que o bairro Beiru/Tancredo Neves transpira singularidade desde as suas motivações toponímicas, perpassando pelas representações históricas africana brasileira.

3.2 PERIPERI

De acordo com a Prefeitura Municipal de Salvador, o Subúrbio Ferroviário é composto de 18 bairros, incluindo Periperi. O nome Periperi tem origem tupi. "Peri" significa junco, uma planta aquática abundante na área. A tribo local costumava duplicar palavras para indicar grande quantidade, resultando em "Periperi" (Siqueira; Marcelino, 2012). Navarro (2013, p. 388) afirma que "PIRIPIRI, PIRI, PERI" é uma espécie de junco da família das ciperáceas (*Rynchospora cephalotes*), encontrada em pântanos e áreas alagadiças.

A história de Periperi está intimamente ligada à do Subúrbio Ferroviário de Salvador e ao processo de expansão econômica e industrialização na Bahia, iniciado no século XIX. A modernização das indústrias açucareiras e a construção de ferrovias impulsionaram esse processo, trazendo mobilidade, riqueza e progresso para a Bahia.

Foram construídas quatro ferrovias na Bahia: Estrada de Ferro Bahia-São Francisco (1853), Estrada de Ferro Central do Brasil (1866), Estrada de Ferro Santo Amaro (1875) e Estrada de Ferro Centro-Oeste da Bahia (1891), conforme informado por Silva e Fonseca (1992). Essas ferrovias penetraram no interior, promovendo o progresso, aumentando a produção de cana-de-açúcar e fumo e impulsionando a pecuária no estado.

Uma crise financeira no início do século XX levou o governo federal a intervir, fundindo as ferrovias em uma única, administrada pela empresa franco-belga *Compagnie de Fer Federaux du l'Est Brésilien*. Em 1934, outra intervenção federal, liderada pelo engenheiro Lauro de Freitas, resultou na renomeação da ferrovia para Viação Férrea Federal Leste Brasileiro.

Em 1860, a Estrada de Ferro Bahia-São Francisco foi inaugurada, com um trecho inicial que ia da Calçada até Paripe, trazendo mudanças significativas para a região. A ferrovia incentivou a instalação de indústrias no Subúrbio e facilitou a ocupação da área. Trabalhadores se estabeleceram próximos ao local de trabalho, dando origem aos primeiros bairros. O clima agradável e a proximidade ao mar da Baía de Todos os

Santos proporcionavam conforto e qualidade de vida. Especificamente, o bairro de Periperi surgiu com a instalação de uma oficina ferroviária em 1920 (Silva; Fonseca, 1992). As primeiras casas foram construídas paralelas à linha férrea, formando a Rua 1º de Setembro, conhecida como Rua da Estação.

Com o desenvolvimento de Salvador, as áreas centrais se valorizaram e foram ocupadas por pessoas de maior poder aquisitivo, empurrando quem não podia pagar caro por moradia para áreas mais afastadas. Isso aumentou a população no subúrbio soteropolitano e o transformou em uma área de baixa renda. Periperi tornou-se uma área de veraneio para os moradores do centro.

Até a década de 1940, Periperi recebia a população do centro de Salvador para veraneio, piqueniques em família e aproveitar o litoral, o que conferia ao bairro um aspecto bucólico e características de cidade do interior. Muitos moradores são nostálgicos desse período, acreditando que o bairro poderia ter crescido de forma organizada, preservando sua característica interiorana e evitando problemas estruturais e sociais atuais (Souza, 2009).

Periperi acompanhou o crescimento de Salvador. De 2.551 habitantes no início da década de 1940, o bairro cresceu para 8.024 na década de 1950 e 25.558 em 1970 (Silva; Fonseca, 1992). Esse crescimento populacional impactou negativamente o bairro, uma vez que a maioria dos novos moradores era pobre.

Três fatores principais impulsionaram o rápido crescimento populacional do Subúrbio, e consequentemente de Periperi: a instalação do Centro Industrial de Aratu (CIA), a construção da Avenida Afrânio Peixoto (popularmente conhecida como Avenida Suburbana) e o Complexo Petroquímico de Camaçari (Copec). O CIA e o Copec consolidaram o processo de industrialização na Bahia.

A Avenida Suburbana, ligando os bairros da Calçada e Paripe, facilitou o escoamento de mercadorias e o acesso ao subúrbio, favorecendo o surgimento de novas comunidades que se tornaram bairros, como Vista Alegre, Fazenda Coutos, Alto do Cabrito e Ilha Amarela.

Periperi possuía muitas terras, o que facilitou seu crescimento, embora desordenado e sem planejamento, agravado pelo abandono das autoridades. Isso resultou em pobreza e outros problemas graves como altos índices de violência e tráfico de drogas, que mancharam a imagem do Subúrbio na sociedade soteropolitana. O crescimento desordenado trouxe sérios problemas como infraestrutura deficiente, esgotos a céu aberto, poluição do rio Paraguari e alagamentos em épocas de chuva. Invasões de terrenos vazios e construção de casas em áreas de risco deixaram a região vulnerável.

Segundo dados do Instituto Brasileiro de Geografia e Estatística (IBGE), em 2010 Periperi possuía 49.879 habitantes. Destes, 42.417 se auto declararam negros. Percebe-se, a partir daí, que a população desse bairro é majoritariamente negra. Atualmente, o bairro está em uma condição melhor, muito embora ainda não seja adequada. O comércio é vasto e diversificado, com feiras livres oferecendo frutas, verduras, carnes e peixes. Periperi conta com vários serviços para a população, incluindo escolas públicas e privadas, agências bancárias, lojas, bares e supermercados. Na área da saúde, o bairro é bem servido com uma UPA, uma unidade do Serviço de Atendimento ao Cidadão (SAC), um Centro de Saúde, um Centro de Especialidades Odontológicas e o Hospital do Subúrbio. Tudo isso contribui para que Periperi seja considerado um dos bairros mais bem estruturados do Subúrbio Ferroviário.

4 ENTRECRUZAMENTOS TOPONÍMICOS

A toponímia, entre suas múltiplas possibilidades, permite analisar dados sob diversas óticas. No caso em questão, os bairros soteropolitanos Beiru/Tancredo Neves e Periperi apresentam topônimos cujas motivações têm base nas culturas africana e indígena, respectivamente. A partir desse dado, poderíamos inferir que esses espaços possuem logradouros cujos topônimos também apresentam motivações semelhantes aos que os nomeiam. Essa hipótese não se confirma, uma vez que a quantidade de topônimos de origem africana e indígena é irrisória diante da totalidade.

No caso do bairro Beiru/Tancredo Neves, entre os 481 endereçamentos com registro de 257 topônimos, apenas dois possuem origem africana e 12, origem indígena com um percentual variado, como se vê no Gráfico 1 a seguir:

Gráfico 1 – Motivação toponímica – Beiru/Tancredo Neves

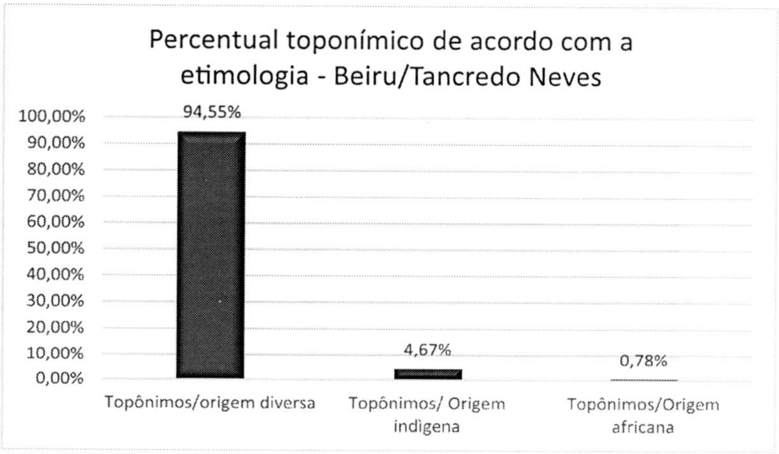

Percentual toponímico de acordo com a etimologia - Beiru/Tancredo Neves

- Topônimos/origem diversa: 94,55%
- Topônimos/Origem indígena: 4,67%
- Topônimos/Origem africana: 0,78%

Fonte: elaborado pelos autores

Já em Periperi, dos 595 logradouros[29], apenas dois são de origem africana e 34 de origem indígena. Ou seja, ocorre uma grande variação entre as motivações africana, indígena e outras, como se destaca no Gráfico 2.

Gráfico 2 – Motivação toponímica – Periperi

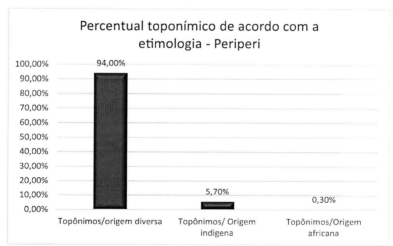

Percentual toponímico de acordo com a etimologia - Periperi

- Topônimos/origem diversa: 94,00%
- Topônimos/Origem indígena: 5,70%
- Topônimos/Origem africana: 0,30%

Fonte: elaborado pelos autores

---
[29] Dados informados pela Secretaria de Desenvolvimento e Urbanismo de Salvador (SEDUR)

Esses bairros constituem espaços urbanos cujas realidades se assemelham. Ambos são localidades dominadas pelo tráfico de drogas, culminando numa violência que atrai os holofotes da mídia. Segundo uma matéria publicada em 2024 no *site* do *Jornal Correio*[30], cujo título diz "Tancredo Neves é o bairro com mais mortes durante tiroteios em Salvador em 2023", o bairro do Beiru/Tancredo Neves lidera o *ranking* dos bairros mais violentos de Salvador.

O Subúrbio Ferroviário de Salvador tem sido palco da guerra entre facções criminosas, levando terror aos moradores locais. Recentemente, o bairro de Mirante de Periperi passou por violentas brigas entre essas "instituições" do tráfico de drogas, culminando em mortes de inocentes. Vizinho de Mirante de Periperi, o bairro de Periperi teve seu cotidiano afetado por essa dinâmica criminosa, tendo algumas áreas sendo mantidas em constantes alertas de possíveis invasões dos criminosos.

Além disso, esses bairros contam com uma população majoritariamente negra. As condições econômicas não são das melhores, a infraestrutura é limitada. Embora a situação atual tenha melhorado em relação ao passado, ainda falta muito para se ter um lugar mais confortável e atrativo para os moradores.

5 CONSIDERAÇÕES FINAIS

Diante dos contextos apresentados dos bairros Beiru/Tancredo Neves e Periperi, observou-se que ambos estão localizados na periferia de Salvador -BA. O primeiro fica situado no miolo central da cidade, região do Cabula; e o segundo, no Subúrbio Ferroviário, próximo ao bairro da Calçada.

Os topônimos Beiru e Periperi, de origem africana e indígena, respectivamente, revelam as influências das línguas iorubá e tupinambá pelos seus denominadores, denunciando a presença dos negros africanos e dos povos originários em cada área geográfica. Contudo, as marcas identitárias não perpassam pelas nomeações dos logradouros inseridos nos territórios supracitados, revelando uma forte influência da cultura colonizadora em detrimento das tradições e valores das etnias mencionadas. A partir desse contexto, ocorre uma tentativa de apagamento junto às motivações toponímicas das vias residenciais, divergindo do panorama nominativo apresentado nos bairros. O próprio nome do bairro do Beiru, que passou para Tancredo Neves e se manteve Beiru/Tancredo Neves, é um exemplo disso.

---

[30] Matéria postada no site https://www.correio24horas.com.br/minha-bahia/tancredo-neves-e-o-bairro-com-mais-mortes-durante-tiroteios-em-salvador-em-2023-0124. Acesso em: 15 set. 2023

O nascimento de cada área destacada trouxe consigo as marcas identitárias que comprovam a luta pela igualdade e pela liberdade, compreendendo os fatores sociais, econômicos e políticos. De um lado da cidade está o Beiru/Tancredo Neves, com sua identidade negativa no que se refere ao escravagismo, mas também positiva com relação à sua vitória quilombola; de outro lado Periperi, que inicialmente buscava o crescimento industrial, focando somente na evolução do complexo, deixando de lado e enfraquecendo o lugar de veraneio para depois se tornar um lugar meramente residencial com condições precárias de moradia.

O surgimento de cada nomeação territorial aponta para as motivações toponímicas reveladas a partir das marcas étnicas dos povos africanos e indígenas, porém esses territórios singulares não apresentam uma sistematização nas nomeações dos logradouros no que se refere às influências culturais das etnias referidas, ou seja, embora os bairros em questão tenham topônimos de origem africana e indígena, isso não influenciou o processo de nomeação dos logradouros deles. A presença de topônimos motivados por essas culturas é insignificante.

REFERÊNCIAS

ABBADE, C. M. S. *A lexicologia e a teoria dos campos lexicais*. Rio de Janeiro: CiFEFiL, 2011.

ABBADE, C. M. S. *Um estudo lexical do primeiro manuscrito da culinária portuguesa medieval:* o livro de cozinha da Infanta D. Maria. Salvador: Quarteto, 2009.

ABBADE, C. M. de S. ATOBAH: Proposta de Elaboração do Atlas Toponímico da Bahia. *Caletroscópio*, II DIVERMINAS, v. 4, n. Especial, p. 576-588, 2016. ISSN 2318-4574

CORREIA, R. A. L. C. Awon Omodé: as linguagens africano-brasileiras no currículo da educação infantil. *Revista África e Africanidades*, Salvador, v. 3. n. 9, maio 2010.

CORREIO 24 HORAS. Jornal eletrônico. Disponível em: https://www.correio24horas.com.br/minha-bahia/tancredo-neves-e-o-bairro-com-mais-mortes-durante-tiroteios-em-salvador-em-2023-0124. Acesso em: 15 set. 2023

CRUZ, N. C. O. *Identidade e memória:* um estudo hierotoponímico das avenidas, ruas e travessas do Beiru. 2024. Dissertação (Mestrado em Estudo de Linguagens) – Programa de Pós-Graduação em Estudos de Linguagem, Universidade do Estado da Bahia, Salvador, 2024.

DICK, M. V. P. A. *O nome próprio*: significado e referência. Assis: UNESP, 2000.

DICK, M. V. P. A. Os nomes como marcadores ideológicos. *Acta Semiótica et Linguística - SBPL (Sociedade Brasileira de Professores de Linguística)*. São Paulo: Plêiade, 1998. v. 7.

DICK, M. V. P. A. *A motivação toponímica e a realidade brasileira*. São Paulo: Governo do Estado de São Paulo. Edições Arquivo do Estado, 1990a.

DICK, M. V. P. A. *Toponímia e Antroponímia no Brasil*. 2. ed. São Paulo: FFLCH/USP, 1990b.

MUNDO NEGRO. Associação Comunitária e Carnavalesca (org.). *BEIRU*. Salvador: Educativa, 2007.

NAVARRO, E. A. *Dicionário de tupi antigo*: a língua indígena clássica do Brasil. São Paulo: Global, 2013.

SANTOS, D. N. *Comunicação comunitária em bairros populares:* uma proposta de mobilização para o turismo de base comunitária no Beiru, Salvador, Bahia, Brasil. 2013. Dissertação (Mestrado em Turismo) – Universidade do Estado da Bahia, Salvador, 2013.

SEABRA, M. C. T. C.; ISQUERDO, A. N. A Onomástica em diferentes perspectivas: resultados de pesquisas. *Revista de Estudos da Linguagem*, local, v. 26, n. 3, p. 993-1.000, 2018.

SEABRA, M. C. T. C.; ISQUERDO, A. N. Referência e onomástica. *In*: MÚLTIPLAS PERSPECTIVAS EM LINGUÍSTICA: SIMPÓSIO NACIONAL; SIMPÓSIO INTERNACIONAL DE LETRAS E LINGUÍSTICA (XI SILEL), 1., 9., 2006, Uberlândia. *Anais* [...]. Uberlândia: ILEEL, 2006.

SILVA, S. C. B. M.; FONSECA, A. A. M. A produção do subúrbio ferroviário de Salvador: os exemplos de Paripe e Periperi. *Veracidade*, Salvador-BA, v. 2, n. 4, p. 67-80, 1992.

SIQUEIRA, A. C.; MARCELINO, M. V. *Periperi*: planta de junco que tem história. Salvador. Eduneb, 2012.

SOUZA, F. S. *Formação e consolidação de centralidades lúdicas no cotidiano das áreas populares de Salvador-BA*. 2009. Mestrado (Dissertação em Geografia) – Universidade Federal da Bahia, Salvador, 2009.

LÉXICO ONOMÁSTICO EM LIBRAS: PROPOSTA DIDÁTICA PARA A APLICAÇÃO NA EDUCAÇÃO BILÍNGUE DE SURDOS

Alexandre Melo de Sousa
Israel Queiroz de Lima
João Renato dos Santos Junior

1 INTRODUÇÃO

Entende-se que três marcos legais foram decisivos para uma mudança na perspectiva educacional de Surdos: a Lei n. 10.436/2002, o Decreto 5.626/2005, e a Lei n. 14.191/2021. O primeiro documento legal reconheceu a Língua Brasileira de Sinais (Libras) como língua oficial da comunidade surda brasileira; o segundo assegurou o reconhecimento da referida lei nos diferentes espaços sociais e educacionais (como a obrigatoriedade de intérprete de Libras em espaços de serviços públicos e no veículos de informação, e a obrigatoriedade das disciplinas de Libras nos cursos de Licenciatura), a criação dos cursos de Letras Libras e de Pedagogia Bilíngue para a formação de professores habilitados para ensinar a Libras na Educação Básica e a criação de cursos de formação de Tradutores e Intérpretes de Libras; e a Lei 14.191/2021 incluiu a educação bilíngue da Lei de Diretrizes e Bases da Educação (LDB).

Os referidos marcos legais possibilitaram que os surdos saíssem da invisibilidade para a sociedade e a língua de sinais também fosse, pouco a pouco, mais presentes nos espaços educacionais e na mídia, de um modo geral. Além disso, as pesquisas teóricas e aplicadas com foco na educação de surdos, na Libras, e no português como segunda língua (L2) para surdos tiveram um crescimento nos meios acadêmicos, possibilitando melhor conhecimento das suas especificidades linguísticas e culturais.

No que se refere aos estudos do léxico em Libras, as pesquisas abrangem a Lexicologia (Eler, 2022), a Lexicografia (Fernandes, 2023), a Terminologia (Ribeiro, 2013), a Fraseologia (Albuquerque, 2022), a Onomástica (Sousa, 2023), entre outras vertentes que dão destaque à formação lexical, à criatividade e expansão lexical, à variação lexical, inclusive em perspectivas interdisciplinares.

Ainda que os avanços sejam visíveis, há certa escassez de estudos que mostrem como as discussões e descrições teóricas relacionadas ao léxico devem chegar até a sala de aula onde há alunos surdos para aplicações práticas (Faria-Nascimento et al., 2021). No presente texto, apresentamos uma proposta didática para o trabalho com o léxico onomástico em Libras na educação bilíngue de surdos. Especificamente, trataremos sobre o léxico onionímico — o conjunto de nomes próprios de marcas, produtos, estabelecimentos comerciais e instituições financeiras. Este trabalho foi elaborado a partir de discussões de pesquisadores do Grupo de Pesquisa Educação de Surdos, Libras e Inclusão (Geslin), do qual os autores fazem parte.

A proposta se alinha: a) à *Base Nacional Comum Curricular* — BNCC (Brasil, 2018), que é um documento normativo que apresenta um conjunto orgânico e progressivo de aprendizagens essenciais que todos os alunos — dependente de graus de deficiências, capacidades cognitivas ou aprendizagens atípicas — devem alcançar, com base num conjunto de conhecimentos, competências e habilidades que os alunos devem desenvolver no processo de escolarização; e b) aos *Referenciais para o ensino de Língua Brasileira de Sinais como primeira língua para surdos na Educação Bilíngue de Surdos: da Educação Infantil ao Ensino Superior – Ensino Médio* (Stumpf; Linhares et al., 2021), que apresenta um conjunto de sugestões curriculares para o ensino de Libras (L1), desde os primeiros anos de escolarização até o ensino superior, discutindo questões linguísticas e culturais inerentes à língua de sinais e à pessoa surda.

2 A ONOMÁSTICA E A ONIONÍMIA

A Libras é uma língua de modalidade visual-espacial, cujos elementos linguísticos são produzidos por movimentos de articuladores corporais (mãos, braços, face etc.), geralmente, à frente do corpo e são percebidos pela visão. Como língua natural, possui os diversos níveis linguísticos: fonética, fonologia, morfologia, sintaxe, semântica, pragmática, texto, discurso e léxico (Quadros, 2019).

Os elementos lexicais da Libras são os sinais — materialidades linguísticas formadas a partir da junção de Configuração de Mão (CM), Movimento (M), Ponto de Articulação (PA), Orientação da Palma da Mão (O) e Expressões não-Manuais (ENM), e que possuem um significado correspondente (Sousa, 2022b).

Dentro dos domínios do léxico, a Libras possui produtividade e funcionamento, possibilitando estudos diversos. A Onomástica — área da Linguística que se dedica aos nomes próprios em geral — tem sido estudada com foco na Libras desde os estudos de Souza Jr. (2012) e Aguiar (2012), que analisaram as nomeações de espaços geográficos em Libras. Outros estudos onomásticos, como Barros (2018) e Sousa *et al.* (2020), se dedicaram às análises de nomeações de pessoas em Libras: os sinais-nome.

Sousa (2022a) apresenta diferentes subáreas da Onomástica, que podem direcionar diferentes estudos e contribuir para a descrição dos nomes próprios em Libras. As referidas subáreas são apresentadas a seguir:

Figura 1 – Subáreas da Onomástica

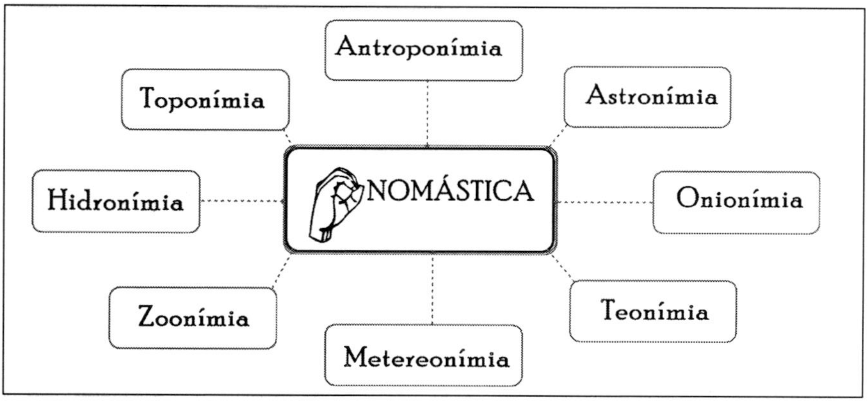

Fonte: adaptado de Sousa (2022a, p. 14).

A *Toponímia* se interessa pelos nomes próprios de espaços geográficos; a *Antroponímia* estuda os nomes próprios de pessoas; a *Zoonímia* se dedica ao estudo dos nomes próprios de animais como, por exemplo, os nomes atribuídos aos animais de estimação; a *Metereonímia* estuda os nomes próprios dos fenômenos naturais, como os nomes atribuídos aos furacões; a *Astronímia* estuda os nomes próprios dos corpos celestes, como os nomes dos planetas e das estrelas, por exemplo; a *Teonímia* estuda os nomes próprios de entidades religiosas, como os Orixás, as Entidades da Umbanda, os santos católicos; a *Hidronímia* estuda os nomes próprios de cursos d'água, como os nomes das cachoeiras, por exemplo; a *Onionímia* estuda os nomes próprios de produtos, marcas, estabelecimentos comerciais e instituições financeiras.

Para a proposta didática que apresentamos neste texto, precisamos discutir sobre identidade visual e iconicidade — tópicos que possuem relação direta com as nomeações de instituições financeiras (bancos) em Libras.

A identidade visual corresponde ao conjunto de elementos gráficos (visuais) que, integrados, comunicam ao público (aos consumidores ou aos usuários) a ideia, os objetivos, a missão de uma empresa, uma instituição bancária, um produto ou um serviço (Ribeiro, 1987; Satué, 1999). Compõem a identidade visual: o nome, o slogan, o logotipo, os símbolos, as cores, a tipografia e os arranjos gráficos. A identidade visual é uma referência identificadora da marca, da empresa ou do serviço (Strunck, 1989).

A iconicidade, por sua vez, é a relação direta entre a forma linguística e seu referente (Trask, 2004; Carneiro, 2016). Em línguas de sinais, a iconicidade é considerada parte da estrutura da língua, uma vez que a produção de vários sinais, numa perspectiva tridimensional, contribui para a identificação de seu referente (Perniss, 2007). Os sinais que não possuem essa relação são chamados arbitrários.

Os estudos de Morais (2022) e Venâncio (2023) analisam sinais onionímicos em Libras, destacando as relações dos itens lexicais com as identidades visuais de seus referentes, além das características icônicas dos oniônimos analisados. Morais (2023) estudou os sinais em Libras de bancos e instituições financeiras, a partir de entrevistas com surdos acreanos. Venâncio (2023), por sua vez, catalogou e analisou os sinais em Libras de estabelecimentos comerciais (lojas e lanchonetes) localizados no Via Verde Shopping, em Rio Branco, Acre. Os dados foram informados por participantes da pesquisa surdos.

Sousa (2022a, p. 14) explica que:

> [...] a criação de sinais onionímicos tem constituído um fator importante de ampliação lexical proporcionada pelos movimentos urbanos, a modernidade tecnológica, a atuação social e profissional dos surdos (como prestadores e consumidores de produtos e serviços), a participação nas redes sociais, a acessibilidade de campanhas publicitárias etc.

Feitas as exposições iniciais, passamos à apresentação da proposta didática para o trabalho com a onionímia em Libras. Optamos por trabalhar com os sinais de bancos e instituições financeiras, por serem identificadores de serviços essenciais na sociedade atual e utilizados pela comunidade surda — como apontou a pesquisa de Morais (2022).

3 A PROPOSTA DIDÁTICA: CAMINHO METODOLÓGICO

A ideias apresentadas aqui são sugestões para o trabalho com o léxico onionímico na educação de surdos, especialmente no Ensino Médio. A proposta — como dissemos anteriormente — seguindo as orientações da BNCC (Brasil, 2018) e dos referenciais curriculares da Libras (Stumpf; Linhares *et al.*, 2021) e do português L2 escrito (Faria-Nascimento *et al.*, 2021), parte do gênero textual contextualizado (partindo da realidade dos estudantes surdos) e autêntico (extraído de suportes reais), para que os elementos lexicais não sejam trabalhados isoladamente. Escolhemos o gênero: Propaganda digital.

Também optamos por uma perspectiva bilíngue (em que a língua de mediação é a Libras e a língua de instrução é o português escrito), intercultural (uma vez que serão necessários o conhecimento e a relação entre a cultura surda e a cultura ouvinte) e dialógica (privilegiando a interação entre os sujeitos em Libras).

A proposta está dividida em duas partes principais: 1) Leitura (em que são exploradas competências e habilidades necessárias para a compreensão leitora da propaganda do Banco do Brasil e a identificação de características de sinais onionímicos em Libras); e 2) Produção textual (em que são exploradas competências e habilidades necessárias para a produção de uma propaganda de um banco, utilizando sinais onionímicos).

Vale ressaltar que, segundo Campos-Toscano (2009), o gênero textual (publicitário) propaganda tem como objetivo vender um produto, um serviço ou divulgar uma ideia com o intuito de influenciar opiniões ou obter adesão. Trata-se de um gênero de caráter persuasivo e que costuma apresentar organizações textuais que sensibilizam e atraem o interlocutor. Para isso, escolhem imagens, músicas, recursos audiovisuais, efeitos sonoros e luminosos. As propagandas são veiculadas por materiais impressos (jornais, revistas, outdoor, folhetos), pelo rádio, pela TV e, com muita evidência na atualidade, pela Internet.

O objetivo geral da proposta didática é compreender como os sinais onionímicos contribuem para a transmissão da mensagem veiculada no gênero propaganda. Os objetivos específicos são: a) despertar os conhecimentos prévios em relação ao gênero textual propaganda e à acessibilidade nas propagandas para a pessoa surda; b) explorar informações explícitas e implícitas na propaganda "Comercial Banco do Brasil em Libras – Homenagem aos surdos"; c) identificar elementos da identidade visual dos bancos em sinais onionímicos em Libras; d) descrever características icônicas na formação de sinais de bancos; e) conhecer elementos que compõem o gênero textual propaganda (público-alvo, objetivos, criatividade, linguagem visual entre outros); e f) produzir de forma colaborativa textos (vídeos) publicitários em Libras utilizando sinais onionímicos.

Esses objetivos partem das competências e habilidades indicadas na BNCC (Brasil, 2018) para a leitura e para a produção textual, como podemos ver no quadro a seguir:

Quadro 1 – Leitura e produção textual: competências e habilidades

	LEITURA
Competência	Compreender o funcionamento das diferentes linguagens e práticas culturais (artísticas, corporais e verbais) e mobilizar esses conhecimentos na recepção e produção de discursos nos diferentes campos de atuação social e nas diversas mídias, para ampliar as formas de participação social, o entendimento e as possibilidades de explicação e interpretação crítica da realidade e para continuar aprendendo.
Habilidade(s)	Compreender e analisar processos de produção e circulação de discursos, nas diferentes linguagens, para fazer escolhas fundamentadas em função de interesses pessoais e coletivos.
	Analisar o funcionamento das linguagens, para interpretar e produzir criticamente discursos em textos de diversas semioses (visuais, verbais, sonoras, gestuais).
	PRODUÇÃO TEXTUAL
Competência(s)	Utilizar diferentes linguagens (artísticas, corporais e verbais) para exercer, com autonomia e colaboração, protagonismo e autoria na vida pessoal e coletiva, de forma crítica, criativa, ética e solidária, defendendo pontos de vista que respeitem o outro e promovam os Direitos Humanos, a consciência socioambiental e o consumo responsável, em âmbito local, regional e global.

Habilidade(s)	Participar de processos de produção individual e colaborativa em diferentes linguagens (artísticas, corporais e verbais), levando em conta suas formas e seus funcionamentos, para produzir sentidos em diferentes contextos.
	Mapear e criar, por meio de práticas de linguagem, possibilidades de atuação social, política, artística e cultural para enfrentar desafios contemporâneos, discutindo princípios e objetivos dessa atuação de maneira crítica, criativa, solidária e ética.

Fonte: Brasil (2018).

As habilidades e competências indicadas anteriormente são elaboradas, de modo específico, para o ensino de Libras (L1), como apontados por Stumpf e Linhares *et al.* (2021), no caderno direcionado ao Ensino Médio:

Quadro 2 – Leitura e produção textual: competências e habilidades para educação de surdos

	LEITURA
Competência	Compreender o funcionamento das diferentes linguagens e práticas culturais (artísticas, corporais e verbais) das comunidades surdas, e como a Libras as constitui e as coloca em funcionamento. E também mobilizar conhecimentos por meio da Libras, tanto na recepção e na produção de discursos nos diferentes campos de atuação social e nas diversas mídias, como para ampliação das formas de participação social dos estudantes surdos, de modo que favoreça o entendimento e as possibilidades de explicação e interpretação crítica da realidade social a fim de que continuem aprendendo e conhecendo as reivindicações da pauta social.
Habilidade(s)	Analisar visões de mundo, conflitos de interesse, preconceitos e ideologias presentes nos discursos em Libras e veiculados nas diferentes mídias, como modo de ampliar possibilidades de explicação de mundo e interpretação crítica da realidade.
	Analisar, de maneira cada vez mais aprofundada, o funcionamento das linguagens em Libras a fim de interpretar e produzir criticamente discursos em textos de diversas semioses, levando em conta as produções que devem ser gravadas para a produção de textos em Libras, com respeito à modalidade de língua gestuovisual.

	PRODUÇÃO TEXTUAL
Competência(s)	Mobilizar práticas de linguagem no universo digital, considerando dimensões técnicas, críticas, criativas, éticas e estéticas para expandir os modos de produzir sentidos com uso da Língua de Sinais, e engajar-se em práticas autorais e coletivas surdas e da comunidade surda. Também desenvolver os contextos de aprendizado dentro dos campos da ciência, da cultura, do trabalho, da informação e da vida pessoal e coletiva surda; indicar a tecnologia como dispositivo favorável às interações surdas, dadas a possibilidades de recursos midiáticos e produções em vídeos, de modo a manter o registro das produções em Língua de Sinais.
Habilidade(s)	Utilizar diferentes linguagens, mídias e ferramentas digitais em processos de produção coletiva para a comunidade surda, e projetos autorais de surdos em ambientes digitais. Apropriar-se criticamente de processos de pesquisa e busca de informação em língua de sinais, por meio de ferramentas digitais e novos formatos de produção e distribuição dos conhecimentos que visem ao conhecimento de práticas culturais surdas em redes sociais, observando as novas criações da comunidade surda e como elas se inserem no meio digital.

Fonte: Stumpf e Linhares (2021).

A proposta didática tomará como ponto de partida o *Comercial Banco do Brasil em Libras – Homenagem aos surdos*, disponível no YouTube, conforme imagem a seguir;

Figura 2 – Homenagem aos surdos: comercial do Banco do Brasil

Fonte: Banco do Brasil (2020).

Serão trabalhados, ao longo da proposta, os seguintes objetos de conhecimento: a) gênero textual do contexto publicitário: propaganda; b) formas de composição da propaganda; c) elementos visuais da propaganda e seus significados; d) informações implícitas e explícitas da propaganda; e) identidade visual; f) onionímia; e g) iconicidade.

A seguir, serão apresentadas as etapas de aplicação da proposta didática, acompanhadas de QRcode com as ações em Libras referentes a) às discussões prévias; b) à leitura — compreensão textual; c) produção textual (vídeo-libras); e d) avaliação. É importante, como dissemos, que as aulas sejam ministradas em Libras.

Quadro 3 – Ações para a aplicação da proposta didática

	DISCUSSÕES PRÉVIAS	
Ação 1	O professor deverá conversar com a turma (em Libras) sobre as práticas sociais dos alunos, especialmente quanto ao uso de serviços (bancários, hospitalares, educacionais etc.) e a questão da acessibilidade.	
Ação 2	O professor deverá indagar se os alunos já estiveram em alguma agência bancária e precisou contar com o atendimento e não havia pessoas com conhecimento em Libras e/ou Intérprete de Libras. Como eles agiram? Como foi resolvido?	
Ação 3	O professor deverá perguntar se os alunos se sentem representados nas propagandas (campanhas publicitárias) que circulam na TV ou nas mídias digitais (a ideia é que os alunos se posicionem quanto à língua, as questões culturais dos surdos etc.).	
	LEITURA – COMPREENSÃO TEXTUAL	
Ação 4	O professor deverá apresentar o vídeo "Comercial Banco do Brasil em Libras – Homenagem aos surdos" (verificar a figura 2).	

	DISCUSSÕES PRÉVIAS	
Ação 5	O professor deverá perguntar aos alunos o que eles acharam, o que mais chamou atenção, como eles se sentiram ao ver uma propaganda que coloca a Libras e o Surdo como protagonistas.	
Ação 6	O vídeo inicia com o seguinte enunciado: "OI. HOJE NÃO TEM TRADUÇÃO. O PAPO É DIRETO COM VOCÊ: PESSOA SURDA COMO EU". O professor deverá explorar esse enunciado, discutindo com a turma o público-alvo para o qual a propaganda é direcionada.	
Ação 7	O vídeo mostra diversas ações que são praticadas pelos surdos: "TER UM FILME FAVORITO, LEVAR O CACHORRO PARA PASSEAR, RECOLHER ROUPAS NO VARAL, SE EMOCIONAR, CONTAR PIADA etc.". O professor deverá levar o aluno a perceber que essas e outras ações fazem parte da vida cotidiana, assim como ter um banco, resolver questões financeiras no banco etc. E fazem parte do dia a dia de muitos cidadãos — surdos ou ouvintes. A ideia é pensar: Se há mais de 10 milhões de surdos, por que a maioria das propagandas são direcionadas aos ouvintes?	
Ação 8	O professor deverá explorar os elementos visuais da campanha: as cores (relacionando com as cores do banco), os movimentos (mostrando ação, agilidade, o mundo financeiro), as expressões faciais (mostrando alegria, contentamento, felicidade, satisfação), a coreografia (a união e a sincronia dos sinalizantes), o uso da Libras em conjunto com outras formas de comunicação (como a dança). A ideia é que os alunos explorem as informações explícitas e implícitas.	
Ação 9	No tempo 1 minuto e 30 segundos, é apresentado o sinal do Banco do Brasil em Libras. O professor deverá falar sobre a formação desse sinal e relacioná-lo com a logomarca do banco. Os alunos deverão perceber as semelhanças entre a forma do sinal e a identidade visual do banco. Utilizar as obras de Carneiro (2016) e Sousa (2022b).	

	DISCUSSÕES PRÉVIAS	
Ação 10	Em seguida, o professor deverá explorar outros sinais em Libras de bancos e relacioná-los com as identidades visuais das respectivas instituições financeiras (verificar Material de Apoio 1). A ideia é que o aluno perceba a iconicidade presente nesses sinais.	
Ação 11	O professor deverá explorar questões relacionadas à diversidade (destacando que a propaganda inclui pessoas diferentes, tal como ocorre na sociedade).	
Ação 12	O professor deverá conduzir os alunos de forma que eles percebam que as escolhas na propaganda não são aleatórias. A ideia é que os alunos percebam que as cores, as danças, as pessoas, o movimento das câmeras têm um propósito: que é fazer as pessoas serem representadas no produto ou serviço anunciado.	
	PRODUÇÃO TEXTUAL (VÍDEOLIBRAS)	
Ação 13	O professor deverá solicitar que os alunos se posicionem criticamente sobre a falta de campanhas que enalteçam o sujeito surdo (que também é consumidor, cidadão).	
Ação 14	O professor deverá motivar que alunos debatam sobre os efeitos das propagandas (campanhas publicitárias) na vida das pessoas em sociedade: o consumismos, a massificação, a vaidade, o poder etc.	
Ação 15	O professor deverá solicitar que os alunos, em grupos de quatro integrantes, produzam um texto publicitário em Libras, explorando o que foi discutido em sala de aula. As produções deverão levar em consideração outros bancos, suas identidades visuais, o público-alvo, seus objetivos etc. (Verificar Material de Apoio 2)	

DISCUSSÕES PRÉVIAS		
Ação 16	O professor deverá pedir que os alunos gravem e apresentem suas produções para os colegas de turma. A ideia é que a turma dê contribuições às produções apresentadas.	

AVALIAÇÃO
O professor deverá avaliar os alunos a partir dos seguintes critérios:
1. Participação e envolvimento nas discussões e no desenvolvimento das atividades sugeridas.
2. Entendimento das características do gênero textual propaganda (compreensão e produção textual).
3. Compreensão do que é Onionímia e como os sinais dos bancos apresentam relação com as identidades visuais das instituições.
4. Compreensão do que é iconicidade.

Fonte: elaborado pelos autores

Como material de apoio, serão utilizados os slides a seguir. O primeiro apresenta alguns sinais de bancos e suas logomarcas correspondentes[31]. Além dos destacados aqui, os professores poderão pesquisar outros para mostrar o máximo de diversidades e construções lexicais onionímicas.

Figura 3 – Material de Apoio 1

Fonte: elaborado pelos autores.

---

[31] Como a logo do Banco do Brasil foi trabalhada na Ação 9, sugerimos que o professor explore outras identidades visuais de bancos.

O segundo material de apoio apresenta logomarcas de bancos com sugestões de temas para a elaboração das propagandas (produção de vídeo-libras). Escolhemos temáticas que proporcionam abertura de criatividade dos alunos. No entanto, o professor pode trocar as temáticas para aquelas que julgar mais adequadas para suas turmas.

Figura 4 – Material de Apoio 2

Fonte: elaborado pelos autores.

Importante mencionar que esses materiais são sugestões, mas o professor poderá elaborar o seu material a partir das realidades de cada turma e, ainda, levando em consideração os recursos materiais disponíveis na escola. Se a escola, por exemplo, não possuir projetor de multimídia, é possível elaborar desenhos em cartolinas ou outro material disponível.

4 CONSIDERAÇÕES FINAIS

Neste texto, apresentamos uma proposta didática para trabalhar a onionímia em Libras a partir do gênero textual propaganda, especificamente, o comercial do Banco do Brasil em Libras, no qual foi realizada uma homenagem aos surdos. Queremos citar, aqui, as palavras de Stumpf e Linhares (2021, p. 101-102):

> A Libras é uma língua viva, completa, com gramática, funções lexicais articuladas, emergência lexical própria, estruturas complexas; uma língua que soma características naturais e culturais das humanidades surdas. Esses saberes chegam para

as crianças surdas pela imersão no cotidiano, em um processo de permanente evolução. Não há momento na vida de uma pessoa surda em que a Libras deixa de se apresentar em novos termos e novas formas de uso, assim como acontece com todas as línguas vivas, em todo mundo. A Libras é completa como língua para ensinar, uma língua que favorece as aprendizagens, motiva e provoca o desejo de aprender. Ela permite o acesso a conhecimentos escolares e gerais, e possibilita a entrada de uma segunda língua, tal como deseja o bilinguismo que faz par linguístico da Libras com o português escrito. A Língua de Sinais é elemento de construção para desenvolver a identidade, a autonomia, a confiança em si; para acesso à cidadania e integração social, ao patrimônio cultural da humanidade e a uma história própria: a dos surdos.

A proposta didática que apresentamos procura respeitar as especificidades da língua e da pessoa surda. Além de direcionar as ações para questões linguísticas de compreensão e produção textual e lexical, privilegiamos reflexões sobre o exercício da cidadania, sobre questões sociais, políticas e culturais. A proposta é aberta para aplicações diferentes, de modo a contextualizar cada realidade educacional para a pessoa surda no Brasil (que sabemos são muitas e, na maioria das vezes, distante da ideal!).

REFERÊNCIAS

AGUIAR, M. C. Descrição e análise dos sinais topônimos em Libras. *In*: ALBRES, N. A.; XAVIER, A. N. (org.). *Libras em estudo*: descrição e análise. São Paulo: Feneis, 2012. p. 109-121.

ALBUQUERQUE, E. D. C. *Expressões idiomáticas na Libras:* um estudo descritivo. 2022. 90 f. Dissertação (Mestrado em Linguística e Literatura) – Programa de Pós-Graduação em Linguística e Literatura, Universidade Federal de Alagoas, Maceió, 2022.

BANCO DO BRASIL. Comercial em homenagem aos surdos. *YouTube*, 2022. Disponível em: https://www.youtube.com/watch?v=FDYsF1rWDGE. Acesso em: 01 jun. 2024.

BARROS, M. E. Taxonomia Antroponímica nas Línguas de Sinais – A Motivação dos Sinais-Nomes. *Revista RE-UNIR*, Porto Velho, v. 5, n. 2, p. 40-62, 2018. Disponível em: https://periodicos.unir.br/index.php/RE-UNIR/article/view/3092. Acesso em: 14 jun. 2024.

BRASIL. *Base Nacional Comum Curricular*. Brasília, DF: MEC, 2018.

CAMPOS-TOSCANO, A. F. *O percurso dos gêneros do discurso publicitário*: uma análise das propagandas da Coca-Cola. São Paulo: Cultura Acadêmica, 2009.

CARNEIRO, Bruno Gonçalves. Ampliação lexical da língua de sinais brasileira: aspectos icônicos. *Revista Leitura*, Maceió, n. 67, p. 104-119, 2016. Disponível em: https://www.seer.ufal.br/index.php/revistaleitura/article/view/2840/2858. Acesso em: 1º jun. 2024.

ELER, R. R. S. *Estudo comparativo entre sinais da Libras, ASL e da Língua de Sinais dos Indígenas Surdos Paiter Suruí*. 2022 99 f. Tese (Doutorado em Linguística) – Programa de Pós-Graduação em Linguística, Universidade do Estado de Mato Grosso, Cáceres, 2022.

FARIA-NASCIMENTO, S. P. et al. *Proposta curricular para o ensino de português escrito como segunda língua para estudantes surdos da educação básica e do ensino superior*. Brasília: Secretaria de Modalidades Especializadas de Educação: DIPEBS/SEMESP/MEC, 2021. Disponível em: https://www.gov.br/mec/pt-br/media/acesso_informacao/pdf/0CADERNODEINTRODUOISBN296.pdf. Acesso em: 1º jul. 2024.

FERNANDES, L. A. *Primeiro dicionário infantil ilustrado bilíngue em Libras/ELIS – Português e Português – Libras/ELIS:* bases teórico-metodológicas. 2023. 634 f. Tese (Doutorado em Estudos da Linguagem) – Programa de Pós-Graduação em Estudos da Linguagem, Universidade Federal do Catalão, Catalão, 2023.

MORAIS, B. F. *Onionímia em Libras:* análise formal e semântico-motivacional dos nomes de bancos e instituições financeiras de Rio Branco, Acre. 2022. 48 f. Trabalho de Conclusão de Curso (Graduação em Letras Libras) – Centro de Educação, Letras e Artes, Universidade Federal do Acre, Rio Branco, 2022.

PERNISS, P. Space and iconicity in German Sign Language (DGS). *HDL*, 2007. Disponível em: http://hdl.handle.net/2066/30937. Acesso em: 13 jul. 2024.

QUADROS, R. M. *Libras*. São Paulo: Parábola, 2019.

RIBEIRO, D. P. *Glossário bilíngue da Língua de Sinais Brasileira*: criação de sinais dos termos da música. 2013. 107 f. Dissertação (Mestrado em Linguística) – Programa de Pós-Graduação em Linguística, Universidade de Brasília, Brasília, 2013.

RIBEIRO, M. *Planejamento visual gráfico*. Brasília: Linha Gráfica e Editora, 1987.

SATUÉ, E. *El diseño gráfico*: desde los Orígenes hasta nuestros días. Madrid: Alianza Editorial, 1999.

SOUSA, A. M. Onomástica em Libras. *In*: SOUSA, Alexandre Melo de.; GARCIA, Rosane; SANTOS, Tatiane Castro dos. (org.) *Perspectivas para o Ensino de Línguas 6*. Rio Branco: EDUFAC, 2022a. p. 5-20. Disponível em: http://www2.ufac.br/editora/livros/PerspectivasEnsino.pdf Acesso em: 1º jul. 2024.

SOUSA, A M. *Zoonímia em Libras*: como os surdos nomeiam seus animais de estimação e proposta taxionômica. 2023. 120 f. Tese (Promoção para Professor Titular) – Centro de Educação, Letras e Artes, Universidade Federal do Acre, Rio Branco, 2013.

SOUSA, A. M. *Toponímia em Libras*: pesquisa, ensino e interdisciplinaridade. São Paulo: Pimenta Cultural, 2022b.

SOUSA, A. M. *et al.* Antroponímia em língua de sinais: os sinais-nome em Florianópolis-SC, Brasil. *Humanidades e Inovação,* Palmas, v. 7, n. 26, 2020, p. 112-124. Disponível em: https://revista.unitins.br/index.php/humanidadeseinovacao/article/view/2598. Acesso em: 2 jun. 2024.

SOUZA-JUNIOR, E. G. *Nomeação de lugares na língua de sinais brasileira*: uma perspectiva de toponímia por sinais. 2012. 112 f. Dissertação (Mestrado em Linguística) – Programa de Pós-Graduação em Linguística, Brasília, DF, Universidade de Brasília, UnB, 2012.

STRUNCK, G. *Identidade visual*: a direção do olhar. Rio de Janeiro: Editora Europa, 1989.

STUMPF, M. R.; LINHARES, R. S. A. *et al.* (org.) *Referenciais para o ensino de Língua Brasileira de Sinais como primeira língua para surdos na Educação Bilíngue de Surdos:* da Educação Infantil ao Ensino Superior. Petrópolis, RJ: Editora Arara Azul, 2021. Disponível em: https://editora-arara-azul.com.br/wp-content/uploads/2023/07/Vol04_LibrasL1_2022.pdf. Acesso em: 1º jul. 2024.

TRASK, R. L. *Dicionário de linguagem e lingüística*. São Paulo: Contexto, 2004.

VENANCIO, A. A. *Onionímia em Libras:* os sinais em libras que nomeiam os estabelecimentos comerciais do Via Verde Shopping a relação entre o sinal e a logomarca. 2023. 45 f. Trabalho de Conclusão de Curso (Graduação em Letras Libras) – Centro de Educação, Letras e Artes, Universidade Federal do Acre, Rio Branco, 2023.

SOBRE OS AUTORES

Aline Silva Gomes

Doutora em Língua e Cultura pela Universidade Federal da Bahia (UFBA) com período sanduíche na Universidad de Alcalá (Espanha), financiado pela Capes. Mestre em Estudo de Linguagens pela Universidade do Estado da Bahia (Uneb). Bacharel e Licenciada em Língua Estrangeira Moderna/Espanhol pela UFBA. Professora adjunta do Curso de Licenciatura em Letras com Habilitação em Língua Espanhola e Literaturas da Uneb (DCH I) e do Programa de Pós-Graduação em Estudo de Linguagens (PPGEL/Uneb). Líder do Grupo de Investigação Letras Hispânicas em Foco (LEHISP/Uneb). Tem experiência na área de Letras, com ênfase em Sociolinguística e em Linguística Aplicada ao Ensino-Aprendizagem de Línguas. Autora do livro *Motivação, Estratégias de Aprendizagem e Autonomia nas Aulas de Espanhol como Língua Estrangeira* e possui vários textos publicados em revistas na área das Letras.

Lattes: http://lattes.cnpq.br/0447885838092215
E-mail: asgomes@uneb.br
Orcid: 0000-0001-7018-5993

Alexandre Melo de Sousa

Doutor em Linguística pela Universidade Federal do Ceará (UFC, 2007), com pós-doutorado pela Universidade Federal de Santa Catarina (UFSC, 2018-2019) e pela Universidade Estadual de Campinas (Unicamp, 2022-2023). Professor titular na Universidade Federal de Alagoas nas áreas de Linguística Aplicada à Libras. Líder do Grupo de Pesquisa Educação de Surdos, Libras e Inclusão (Geslin). Pesquisador Produtividade CNPq (PQ-2).

Lattes: http://lattes.cnpq.br/8092038576985367
E-mail: alexandre.sousa@fale.ufal.br
Orcid: 0000-0002-2510-1786

Amanda Galiza Correia

Mestre em Estudo de Linguagens pela Universidade do Estado da Bahia (Uneb). Licenciada em Letras Vernáculas pela Universidade Federal da Bahia (UFBA). Participou do Projeto Vertentes do Português Populares do Estado da Bahia (Vertentes) e do Projeto Variação Fonológica do Português Popular do Estado da Bahia. Iniciou pesquisa como bolsista de Iniciação Científica (Fapesb) sobre a harmonia vocálica no português popular da Bahia — Etapa 1. Ainda como bolsista de Iniciação Científica (CNPq), realizou pesquisa sobre a harmonia vocálica de /e/ no português popular da Bahia- Etapa 2. Possui interesse na área de Variação Fonológica do português brasileiro.

Lattes: https://lattes.cnpq.br/0833281331546256
E-mail: amandagaliza01@gmail.com
Orcid: 0000-0001-6045-3050

Andréa Beatriz Hack de Góes

Doutora em Teoria da Literatura. Docente e pesquisadora do Instituto de Letras da Universidade da Bahia. Professora colaboradora do Programa de Mestrado Profissional em Letras (Profletras). Atua na formação de professores e oficina de texto. Líder do grupo Gepeld — pesquisa sobre Letramentos Digitais e TDICs aplicadas à educação.

Lattes: http://lattes.cnpq.br/5076005487237374
E-mail: abhack@ufba.br
Orcid: 0000-0002-32075061

Antonio Ralf da Cunha Carneiro

Mestre em Estudo de Linguagens pela Universidade do Estado da Bahia (Uneb). É licenciado em Letras com Habilitação em Língua Portuguesa e Literaturas pela Uneb. Foi bolsista de Iniciação Científica (Fapesb e CNPq), no período de 2018-2020, no projeto *Construções parentéticas epistêmicas em variedades do português: variação e mudança*. É membro do Grupo de Pesquisa Usos e Contextos da Língua Portuguesa – GconPort (Uneb). Atua principalmente nos seguintes temas: variação e mudança linguísticas, sociofuncionalismo, funcionalismo, gramaticalização e abordagem construcional da gramática.

Lattes: http://lattes.cnpq.br/1445185916067753
E-mail: ralfcarneiro.1@gmail.com
Orcid: 0000-0002-5499-9417

Carla Severiano de Carvalho

Doutora em Ciências da Comunicação pela Escola de Comunicações e Artes (ECA) da Universidade de São Paulo (USP). Mestra em Estudo de Linguagens pela Universidade do Estado da Bahia (Uneb). Especialista em Educação Digital (Uneb). Especialista em Língua Espanhola (UFBA). Licenciada em Letras com habilitação em Língua Espanhola e Literaturas de Língua Espanhola (Uneb). É professora efetiva da Uneb, atuando na graduação (no Curso de Licenciatura em Letras com habilitação em Língua Espanhola e Literaturas de Língua Espanhola) e na pós-graduação (no Programa de Pós-Graduação em Estudo de Linguagens — PPGEL/Uneb). Tem experiência, desenvolve pesquisas, orienta estudos de Conclusão de Curso, Iniciação Científica e Mestrado, além de possuir textos publicados, nas áreas de Argumentação e Análise do Discurso. É uma das líderes do Grupo de Investigação Letras Hispânicas em Foco (LEHISP/Uneb/CNPq) e coordenadora da Linha de Pesquisa Lingua(gem), Texto e Discurso de Língua Espanhola. Autora do livro: *Os processos de estereotipia na representação discursiva do Brasil na Espanha* (Appris, 2022).

Lattes: http://lattes.cnpq.br/5178779049867374
E-mail: cseveriano@uneb.br
Orcid: 0000-0002-6568-8788

Celina Márcia de Souza Abbade

Doutora e Mestre em Letras pela Universidade Federal da Bahia (UFBA). Possui licenciatura em Letras Vernáculas com Francês e Bacharelado em Psicologia pela Universidade Católica do Salvador (UCSal). Realizou estágio pós-doutoral em Estudo de Linguagens pela Universidade Estadual de Feira de Santana (UEFS). É Professora Plena da Universidade do Estado da Bahia (UNEB), atuando como docente permanente do Programa de Pós-Graduação em Estudos de Linguagem (PPGEL) e do Colegiado de Letras Vernáculas no Departamento de Ciências Humanas do *campus* I (DCH-I). Coordena a Linha de Pesquisa 2 do PPGEL/UNEB. Filóloga com experiência na área de Filologia e Linguística, com ênfase em Linguística Histórica, Lexicologia e Lexemática. Psicóloga clínica com especialização em Saúde Mental Materna, Formação em Perdas e Luto, Psicopatologia Clínica, Psicossomática (em andamento) e Pós-Graduação em Neuropsicologia com ênfase em Avaliações pela Faculdade Metropolitana (em curso). Membro de diversas Associações como ABRALIN, GTLex da ANPOLL, CiFEFiL, ABF. Sócia correspondente da Academia Brasileira de Filologia (ABF). Líder do Núcleo de Estudos Lexicais (NEL) cadastrado no CNPQ, coordenando o Grupo de Estudos Lexicais e Terminológicos da Bahia (GELTBA) e Atlas Toponímico da Bahia (ATOBAH).

Lattes: http://lattes.cnpq.br/2057305545842187
E-mail: celinabbade@gmail.com
Orcid: 0000-0001-6485-277X

Cláudia Norete Novais Luz

Doutoranda em Estudo de Linguagens pela Universidade do Estado da Bahia (Uneb). Mestre em Estudo de Linguagens pela Uneb (2009). Atuou como professora no Centro Universitário Jorge Amado de 2010 até 2021, no curso de Letras, ministrando aulas das disciplinas Relações Sintáticas, Morfologia, Fonética e Fonologia da Língua Portuguesa e Produção Textual. Atualmente é professora concursada da Rede Pública do Estado da Bahia desde 1991, ministrando aulas de Língua Portuguesa e Redação. Foi professora substituta pela Universidade do Estado da Bahia em Itaberaba, ministrando aulas de Sintaxe e Morfologia da Língua Portuguesa. Tem experiência de pesquisa na área de Linguística, com ênfase em Sociolinguística e Dialetologia, atuando principalmente na área da Sociolinguística, no campo da variação e mudança linguística no português brasileiro.

Lattes: http://lattes.cnpq.br/7788173410265540
E-mail: claudia.norete@gmail.com
Orcid: 0000-0002-4817-8751

Cristina dos Santos Carvalho

Licenciada e bacharela em Letras Vernáculas pela Universidade Federal da Bahia (UFBA). Possui Mestrado em Letras e Linguística pela UFBA e Doutorado em Linguística pela Universidade Estadual de Campinas (Unicamp). Realizou Estágio Pós-Doutoral na Universidade Federal do Rio de Janeiro (UFRJ). Atualmente, é Professora Plena da Universidade do Estado da Bahia (Uneb), lotada no *Campus* XIV, e docente permanente do Programa de Pós-Graduação em Estudo de Linguagens (PPGEL — *Campus* I). É líder do Grupo de Pesquisa Usos e Contextos da Língua Portuguesa — GconPort (Uneb). Atua principalmente nos seguintes temas: variação e mudança linguísticas, sociolinguística variacionista, funcionalismo, sociofuncionalismo, sentenças complexas, gramaticalização e abordagem construcional da gramática.

Lattes: http://lattes.cnpq.br/7686080661637664
E-mail: crystycarvalho@yahoo.com.br
Orcid: 0000-0002-2399-674X

Fernanda Maria Almeida dos Santos

Professora associada I de Língua Portuguesa do Instituto de Letras da Universidade Federal da Bahia (UFBA) — Área de Língua Portuguesa. Docente do Mestrado Profissional em Letras (Profletras/UFBA). É doutora em Língua e Cultura e mestre em Letras e Linguística pela UFBA e graduada em Letras Vernáculas pela Universidade do Estado da Bahia/*Campus* V.

Lattes: http://lattes.cnpq.br/6641315445392034
E-mail: fernandasantos83@hotmail.com
Orcid: 0000-0002-9108-0784

Gilberto Nazareno Telles Sobral

Pós-doutor em Estudos de Linguagens pela Universidade Estadual de Feira de Santana (UEFS). Doutor em Letras e Linguística pela Universidade Federal da Bahia (UFBA). Mestre em Letras e Linguística (UFBA). Graduado em Bacharelado em Língua Estrangeira (UFBA). Licenciado em Letras Vernáculas com Francês pela Universidade Católica do Salvador (UCSal). Professor pleno do Departamento de Ciências Humanas I na Universidade do Estado da Bahia (Uneb). Professor permanente do Programa de Pós-Graduação em Estudo de Linguagens (PPGEL/Uneb). Atua nas áreas de Argumentação, Análise do Discurso, Crítica Textual, Documentos Brasileiros.

Lattes: http://lattes.cnpq.br/7536345919376488
E-mail: gsobral@uneb.br
Orcid: 0000-0003-1447-1762

Helena Vieira Pabst

Mestra em Estudos de Linguagem pela Universidade do Estado da Bahia (Uneb). Especialista em Direito Digital pela Universidade Salvador (Unifacs). Especialista em Língua Portuguesa pela Universidade Salgado de Oliveira/RJ (2000). Especialista em Metodologia do Ensino da Língua Portuguesa (Estácio-2020). Graduada em Letras com Inglês pela Universidade Católica do Salvador (1996). Graduada em Direito pela

Faculdade Ruy Barbosa (2014). Membro do grupo de pesquisa GPEDS (Uneb). Atualmente é professora titular de Língua Portuguesa (E.M.) no colégio Marista Patamares; professora titular de Língua Portuguesa (E.M.) no Salesiano Dom Bosco (E.M.), professora titular no Cursinho Bernoulli e no Cemitec (SEC). Atua também como mentora de Língua Portuguesa e Redação e como revisora textual.

Lattes: http://lattes.cnpq.br/7962602936015495
E-mail: hpabst@gmail.com
Orcid: 0000-0001-6260-828X

Israel Queiroz de Lima

Mestre em Educação pela Universidade Federal do Acre (2022). Professor de Libras na Universidade Federal do Acre na área de Libras. Membro pesquisador do Grupo de Pesquisa Educação de Surdos, Libras e Inclusão (Geslin).

Lattes: http://lattes.cnpq.br/8928012261164554
E-mail: israel.lima@ufac.br
Orcid: 0000-0003-1062-053X

João Renato dos Santos Junior

Mestre em Educação pela Universidade Federal do Acre (2022). Professor de Libras na Universidade Federal do Acre na área de Linguística Aplicada à Libras. Membro pesquisador do Grupo de Pesquisa Educação de Surdos, Libras e Inclusão (Geslin).

Lattes: http://lattes.cnpq.br/2775580065444151
E-mail: joao.junior@ufac.br
Orcid: 0000-0002-1455-1124

Luana Cristine da Silva

Mestre em Estudo de Linguagens pela Universidade do Estado da Bahia (Uneb, 2024). Licenciada em Letras Vernáculas pela Uneb (2021). É professora de ensino básico da rede particular de ensino no Centro Educacional Nossa Senhora do Cenáculo. Membro do Grupo de Edição e Estudos de Texto e do Núcleo de Estudos Lexicais. Tem experiência na área de Linguística, com ênfase em Lexicologia, desenvolvendo pesquisas

com os temas: representação da cultura em textos literários, cultura e religiosidade afro-brasileira, lexicografia e terminologia.
Lattes: http://lattes.cnpq.br/4960009069037638
E-mail: luachriss@gmail.com
Orcid: 0009-0004-2146-2973

Marcos André Queiroz de Lima

Doutorando em Estudo de Linguagens pela Universidade do Estado da Bahia (Uneb). Mestre em Estudo de Linguagens pela Uneb (2017). Seu foco sempre foi a Educação Básica. Cursou Química Industrial na Universidade Federal da Bahia, porém não concluiu o curso. Atuou como professor no Educandário Gabriel Arcanjo de 2000 a 2008, ministrando as disciplinas de Matemática, Desenho Geométrico e Língua Portuguesa. Atuou no Programa Gestão da Aprendizagem (Gestar), no período de 2013 a 2017, como Formador de Professores. Atualmente é professor concursado da Rede Pública do Estado da Bahia desde 2002, ministrando aulas de Língua Portuguesa e Literatura da Língua Portuguesa. É membro do Núcleo de Estudos Lexicais (NEL), desde 2017, atuando como pesquisador do Projeto Atlas Toponímico da Bahia (Atobah). Tem experiência de pesquisa na área de Linguística, com ênfase em Análise do Discurso e Onomástica, como foco no estudo da Toponímia soteropolitana.
Lattes: https://lattes.cnpq.br/9979051345826156
E-mail: maandelima@yahoo.com.br
Orcid: 0009-0006-7651-9601

Marcos Bispo

Pós-doutor em Linguística Aplicada pela Universidade Federal do Rio de Janeiro (UFRJ). Mestre e Doutor em Linguística pela Universidade Federal da Bahia. Professor Titular da Universidade do Estado da Bahia, onde atua no curso de Licenciatura em Letras e no Programa de Pós-Graduação em Estudos de Linguagens (PPGEL). Líder do Grupo de Pesquisa Epistemologias em Didática do Português (Edipo).
Lattes: http://dgp.cnpq.br/dgp/espelhogrupo/8065611701203626
E-mail: mabispo@uneb.br
Orcid: 0000-0002-4614-6553

Maria da Conceição Reis Teixeira

Doutora em Letras (UFBA), mestre em Letras e Linguística (UFBA). Psicoterapeuta integrativa e naturalista. Especialista em Marketing, Comunicação e Negócios (Inbrape), em História da Cultura Afro-brasileira (FTC). Licenciada em Letras Vernáculas e Bacharel em Letras Vernáculas (UFBA). Professora plena (Uneb) atua como docente e pesquisadora do Programa de Pós-Graduação em Estudo de Linguagens/PPGEL/Uneb e no curso de Graduação em Letras Língua Portuguesa da Uneb. Coordena o Grupo de Edição e Estudos de Textos. Tem experiência na área de Linguística, com ênfase em Linguística Histórica, Edição de Textos, Estudos Lexicais e Letramentos em Gêneros textuais.

Lattes: http://lattes.cnpq.br/9718069524723302
E-mail: mteixeira@uneb.br
Orcid: 0000-0002-5715-8533

Noádya Cristina Oliveira da Cruz

Mestre em Estudos de Linguagem pelo Programa de Pós-Graduação (PPGEL) da Universidade do Estado da Bahia (Uneb), vinculada a linha de pesquisa 2 - Linguagens, Discurso e Sociedade, sob a orientação da Prof.ª Dr.ª Celina Márcia de Souza Abbade. Especializada em Metodologia do Ensino, Pesquisa e Extensão em Educação pela Universidade do Estado da Bahia (2006) e graduada em Letras Vernáculas pela Universidade Católica do Salvador (1996). Atuou como coordenadora de área e professora na rede privada de ensino e como tutora no Curso de Letras EaD pela Universidade Aberta do Brasil (2009 a 2015). Exerce a função de professora do Ensino Básico na rede estadual de ensino, desde o ano 2000, tornando-se articuladora de área, no Colégio Estadual Helena Magalhães (Cehma) no bairro do Beiru/Tancredo Neves em Salvador, Bahia. Atualmente, faz parte do Núcleo de Estudos Lexicais (NEL), cadastrado no CNPQ, que tem como líder a professora doutora Celina Márcia de Souza Abbade, no qual está inserida nos Projetos do Grupo de Estudos Lexicais e Terminológicos da Bahia (GELTBAH) e do Atlas Toponímico da Bahia (Atobah).

Lattes: http://lattes.cnpq.br/8949955707150847
E-mail: noadyajc@hotmail.com
Orcid: 0009-0002-0740-2793

Norma da Silva Lopes

Doutora em Letras e Linguística pelo Instituto de Letras da UFBA e pós-doutora pela Universidade Estadual de Feira de Santana, é professora de Língua Portuguesa e Linguística na área de Sociolinguística do Programa de Pós-graduação em Estudo de Linguagens (PPGEL) da Universidade do Estado da Bahia (Uneb). Suas pesquisas se inserem no campo da variação e da mudança no português, aquisição do português como segunda língua e formação do Português Brasileiro. É autora de "A fala baiana em destaque: a concordância nominal no português de Salvador", publicado em Munique (Alemanha), pela editora Peniope (ELS – Études Linguistiques; 6), em 2011. Tem publicado ainda artigos em revistas e capítulos de livros diversos. Orientou projetos de Iniciação Científica, Mestrado e Doutorado, além de supervisão de projetos de Pós-doutoramento.

Lattes: http://lattes.cnpq.br/948807482160002
E-mail: nlopes58@gmail.com
Orcid: 0000-0002-3033-1770

Odair Ledo Neves

Doutorando em Estudo de Linguagens pela Universidade do Estado da Bahia (Uneb). Mestre em Educação do Campo pela Universidade Federal do Recôncavo da Bahia (UFRB). Especialista em Alfabetização e Letramento pela Uneb. Licenciado em Pedagogia pela Uneb. Licenciado em Letras pela Universidade de Brasília (UnB). Professor da rede municipal de ensino de Serra do Ramalho-BA.

Lattes: http://lattes.cnpq.br/5144465651782992
E-mail: odairledoneves84@gmail.com
Orcid: 0000-0003-3325-6187

Paulo Henrique Duque

Doutor em Linguística pela UFRJ, professor do Departamento de Letras e do Programa de Pós-graduação em Estudos da Linguagem da UFRN, coordenador do grupo de pesquisa Ecocognição e Linguagem.

Lattes: http://lattes.cnpq.br/0409894285408135
E-mail paulo.henrique.duque@ufrn.br
Orcid: 0000-0002-7100-0556

Ravena Hernandes

Mestre em Letras (UNEB). Especialista em Gestão Educacional (Unijorge). Graduada em Letras (Unime) e Pedagogia (Unicesumar). Professora de Língua Portuguesa da Educação Básica da Rede Municipal de Salvador.

Lattes: http://lattes.cnpq.br/9969526275805456

E-mail.: ravennahernandes@yahoo.com.br

Orcid: 0009-0002-6879-4153

Valquíria Claudete Machado Borba

Doutora em Letras e Linguística (Ufal). Mestre em Letras (PUCRS). Especialista em Estudos Avançados em Língua Inglesa e Graduada em Letras Português-Inglês (PUCRS). Líder do Grupo de Estudos em Educação e Linguagem (Geel). Professora plena da Uneb no Departamento de Educação — *Campus* I e no Programa de Pós-Graduação em Estudo de Linguagens (PPGEL). Atuou no Profletras — *Campus* V da Uneb (2013-2018).

Lattes: http://lattes.cnpq.br/3037018518459819

E-mail: vborba@uneb.br

Orcid: 0000-0002-1855-439X